AF239793

Zu diesem Buch

Wir alle wissen manchmal, was wir tun sollten... wäre da nicht der erste Schritt. Und selbst wenn der gegangen wurde: wie bleibt man dann eigentlich dran? Viel zu viele Menschen scheitern daran, ihre Ziele und Träume zu erreichen, weil sie den berühmten ersten Schritt nicht gehen wollen. Oder können? Oder weil sie zu früh aufgegeben haben. Oder einfach zu lange durchgehalten haben? Dieses Buch geht dem Beginnen und dem Durchhalten auf den Grund, soll motivieren, anregen und vielleicht der kleine Stein sein, der Ihre persönliche Lawine ins Rollen bringt... und Sie nicht aufhält!

Angela Ludwig, geboren 1979 und Mutter von zwei Kindern, arbeitet seit über 20 Jahren als erfolgreiche Effizienz- und Ordnungsberaterin. Ursprünglich in der Welt der Bibliothekare zu Hause betreut sie seit 1998 Firmen bei der effizienten Büroarbeit, und seit 2016 Privatkunden als Professional Organizer. Über ihren YouTube-Kanal hilft sie den Menschen auch überregional dabei, endlich ihr Leben „in Ordnung" zu bringen.

JETZT – es ist nie zu früh

1. Auflage Juni 2023

Bibliografische Information der Deutschen Nationalbibliothek:
Die Deutsche Nationalbibliothek verzeichnet diese Publikation in der
Deutschen Nationalbibliografie; detaillierte bibliografische Daten sind
im Internet über http://dnb.dnb.de abrufbar.

© 2023, Angela Ludwig

Herstellung und Verlag: BoD – Books on Demand, Norderstedt

ISBN: 978-3-75-7823443

JETZT – es ist nie zu früh!

Vom Beginnen und Durchhalten

Angela Ludwig

Alle Träume können wahr werden,
wenn wir den Mut haben, ihnen zu folgen.

Walt Disney

Inhalt

III

VORWORT

Ein Buch über das Durchhalten. Über Motivation und darüber, wie man sich selbst an den Haaren aus dem Sumpf herauszieht. Wenn man meint, dass nichts mehr geht. Und zwar so gar nichts mehr, also so richtig nichts. Obwohl man doch noch so viel vorhat.

Oder wenn man eigentlich schon alles hat, was man sich je gewünscht hatte und nun die große Frage „War das schon alles?" über dem Kopf schwebt. Wozu sich noch motivieren? Es ist doch so… gemütlich.

Ich möchte mit diesem Buch Ihre Gedanken anregen, Sie vielleicht auch mehr als nur motivieren. Sie ins Handeln bringen und Ihnen Mut machen. Und beide Seiten der Medaille betrachten, denn es gibt immer zwei Seiten. Auch die Motivation hat ihre Tücken, genauso wie die Geduld.

Die Erkenntnisse sind nicht hochwissenschaftlich belegt, ich bin keine Psychologin und auch keine ausgebildete Motivationstrainerin oder Lifecoach.

Aber ich bin eine Person wie Sie – mit einem Rucksack voller Erfahrungen auf dem Rücken, und noch das halbe Leben vor sich. Ein Mensch, der Höhen und Tiefen erlebt hat und weiß, wovon er schreibt. Auch ich muss immer wieder durchhalten, Geduld haben und darf nicht aufgeben – dabei finde ich aber jedes Mal wieder die Kraft, neu aufzustehen und weiter zu gehen.

Entstanden aus diesem Weg sind diese gesammelten Hilfestellungen, mit denen ich Sie motivieren möchte, etwas zu tun. Oder auch nicht. Die Entscheidung liegt, wie immer im Leben, ganz bei Ihnen…

Ihre

OLYMPIA VS. PROKRASTINATION

Vor über einhundert Jahren, 1894, entstand das Motto der Olympischen Spiele: Citius, altius, fortius! So der Urgedanke, frei übersetzt bedeutet dies: Schneller, höher, stärker!

Im Laufe der Jahrzehnte hat sich die Gesellschaft gewandelt und so lautet der olympische Gedanke der Moderne vielmehr „Dabei sein ist alles!". Stellt er damit den Wettbewerb und Leistungsdruck in den Hintergrund und das Ereignis als Sport-Fest in den Vordergrund.

Ist es dieser Wandel, der sich mittlerweile auch bemerkbar macht, wenn es um das eigene Lebensglück geht? Wenn es die Ziele betrifft, die man sich selbst gesetzt hat oder die Träume und Wünsche, die man sich für sein Leben wünscht?

Generationenwechsel

Oft hat man das Gefühl, dass in früheren Generationen andere Werte zählten. Disziplin, Ausdauer und Durchhaltevermögen waren nicht nur Tugenden, sondern gehörten durchaus zum Überleben dazu.

Heutige Generationen bekommen von ihren Eltern jedoch gern vermittelt: „Du kannst alles erreichen, was du willst, du musst nur fest an dich glauben!"

Geduld und Ausdauer lassen immer mehr zu wünschen übrig. Junge Leute brechen Ausbildungen ab, weil sie im zweiten Lehrjahr feststellen, dass das nicht der Beruf ist, den sie sich vorgestellt haben. Oder Studienabbrüche im dritten Semester. Kann ja mal passieren, dass man doch nicht seine Begabung entdeckt hat. Und so beginnen sie die zweite oder dritte Ausbildung, ohne eine Erste überhaupt abgeschlossen zu haben und werden immer älter, wenn der Abschluss naht. Natürlich, „früher" hat man eine Ausbildung gemacht, wurde (wenn es gut lief) vom Ausbildungsbetrieb übernommen, hat sich im Betrieb hochgearbeitet und konnte so seinen Lebensunterhalt verdienen.

Heute benötigen viele Haushalte - und besonders Familien - zwei Vollzeitarbeitende, um überhaupt ansatzweise über die Runden zu kommen. Nur, um dann beim Nachbarn das teurere Auto in der Garage zu sehen. Die Kinder beginnen schon in der Grundschule den Kampf um die schickere Markenkleidung und man fühlt sich sein Leben lang irgendwie so, als ob man es nie schaffen wird, das Leben zu führen, das man sich als Kind eigentlich gewünscht hat.

Also setzt man sich hin, belegt Fortbildungen und Kurse, bildet sich weiter und lässt sich befördern, um so noch schneller, noch besser und noch effizienter zu werden. Und zwar genau so lange, bis es wirklich anstrengend wird.

Und das ist dann der Moment, an dem sich viele selbst besiegen.

Dann ist er nämlich erreicht: der Punkt, an dem viele denken, sie können nicht mehr weiter. „Also jetzt ist es aber genug!". Dann kommt die Angst, dass man möglicherweise einem Burnout entgegen rennt. Die Angst, dass man zusammenbricht. Nicht mehr weiter kann. Sollen doch die anderen schneller und höher und weiter, man selbst will in diesem Wettbewerb nicht mehr mitmachen. Und bekommt von allen Seiten Unterstützung. „Bring doch mal Ruhe in dein Leben!" heißt es dann. Oder „Gut Ding will Weile haben!". Und völlig zufrieden hört man auf, sich zu bemühen. Sich anzustrengen und weiterzumachen.

Und ehe man sich versieht, sitzt man zwischen den Stühlen. Denn das Aufhören, das Loslassen fühlt sich manchmal im ersten Moment erleichternd an, ein bisschen Zweifel nagen dann aber doch an einem, weil man nicht weiß, ob man nicht doch noch… nur ein kleines bisschen, hätte weitermachen sollen.

Denn wir haben heute die Wahl. Wir haben die Wahl zwischen unendlich vielen Möglichkeiten. Die frühere Generationen so vielleicht nicht unbedingt hatten. Auslandsaufenthalte oder die Frage nach Kindern oder Karriere stellten sich damals nicht wirklich. Oder zumindest nicht den meisten.

Es ist für mich daher durchaus eine Generationenfrage, die sich in den letzten Jahrzehnten eingeschlichen hat. Die berühmte Aufschieberitis, die vor einhundert Jahren noch kein wirkliches Gesellschaftsthema war, ist heute mittlerweile jedem jungen Menschen als Prokrastination sehr wohl ein Begriff.

Gleichzeitig muss besonders bei diesen jungen Leuten alles jetzt sofort und auf der Stelle passieren. Das neue Smartphone, die Bestellung im Internet mit Expresslieferung, das frisch zubereitete Essen vom Lieferdienst innerhalb von 10 Minuten zu Hause auf dem Tisch. Warten ist hier Fehlanzeige. Geduld? Wozu? Ich kann heutzutage nahezu alles sofort bestellen und innerhalb von 24 Stunden geliefert bekommen.

Es ist kein Wunder, dass bei diesem Durcheinander die Menschen, vor allem die Jüngeren, oft nicht mehr wissen: was soll ich eigentlich tun? Loslegen und machen, nichts mehr aufschieben und sofort ran an die To Do-Liste – oder Geduld haben, warten lernen und vertrauen, dass der richtige Zeitpunkt für alles kommt?

Leistungsdruck

Auf der einen Seite befinden wir uns in der Urzeit von Olympia: wir sollen schneller werden, besser werden, effizienter arbeiten. Unsere Kinder perfekt erziehen, daneben einen Vollzeitberuf managen, und wer etwas auf sich hält, vereinbart neben Familie und Karriere noch das eigene Wohl, hat Zeit für Sport, Hobbies und Freunde. Der Leistungsdruck ist enorm und wer dies nicht leisten kann oder will, wird auch gern als unsozialer Langweiler betrachtet. Oder familienfeindlich. Oder einfach nur schwach. Nicht Willens genug, etwas aus seinem Leben zu machen.

Reiche und Arme

Die Schere zwischen Reichen und Armen wird dabei immer größer und wer will schon freiwillig zu den Armen gehören? Also tun sie das, was dem entgegenwirkt: Zeit gegen Geld tauschen und arbeiten. Um Geld zu verdienen, um Dinge zu kaufen, um andere Menschen damit zu beeindrucken. Dabei ist der Neidfaktor – besonders im Lande Deutschland – ein nicht unwesentlicher Bestandteil dieses im Grunde hausgemachten Leistungsdrucks. Natürlich wissen wir alle, dass man im Leben nichts geschenkt bekommt. Auch Reichtum fällt nicht vom Himmel und so sind wir uns schmerzlich bewusst, dass der Preis des Reichtums ein recht hoher ist. Man muss arbeiten, lange und hart. Man soll sparsam sein, nicht geizig aber auch nicht verschwenderisch. Man muss verstehen, wie die Börse funktioniert und sich in Geldanlagen auskennen. Im Allgemeinen möchte ich hier nicht die Menschen ansprechen, die von Geburt an wirklich reich geboren wurden. Denn Fakt ist eines: diese Kinder haben – da muss man sich nichts vormachen - einen anderen Lebensstandard, andere Lehrer und andere Eltern. Kinder wirklich reicher Eltern lernen andere Dinge als die anderen Kinder. Und eines lernen sie von Anfang an: dass der Tausch von Lebenszeit gegen Geld nie zu Reichtum führen wird.

Eigentlich sollten wir an dieser Stelle doch einmal definieren, was ich unter „Reichtum" verstehe. Reich sind in meinen Augen Menschen, die nicht arbeiten müssen, es aber können. Wenn Sie wollen. Die zum Arzt gehen können, eine Immobilie besitzen und ihre Kinder auf die Schule ihrer Wahl schicken können. Ich spreche an dieser Stelle nicht von innerem Reichtum oder reich im Sinne von emotionalem Reichtum, das heißt einer von vielen Menschen geliebte Person. Ich meine hier ausschließlich finanziellen Reichtum. Denn wie sagt ein so schönes Sprichwort: Geld macht nicht glücklich – aber es beruhigt ungemein.

Das Gegenstück dazu sind unweigerlich die armen Menschen, die jeden Cent zehn Mal umdrehen müssen. Die nicht wissen, ob sie nach ihrem aktiven Berufsleben überhaupt noch die Miete zahlen können. Die ihr Leben lang gearbeitet haben, und am Ende auf staatliche Zuschüsse angewiesen sind. Ihren Kindern keine Schulausflüge ermöglichen können und selbst an der Gesundheit sparen müssen, weil Ärzte zu teuer sind.

Auf der einen Seite wäre es mehr als vermessen zu behaupten, sowohl die Reichen, als auch die Armen könnten etwas für ihr Schicksal. Auf der anderen Seite möchte ich aber kritisch hinterfragen, (wenn wir die vorhin erwähnten elitären reich geborenen Kinder außen vorlassen) ob die Behauptung jeder sei seines Glückes eigener Schmied nicht tatsächlich ein wenig der Wahrheit entspricht. Und spätestens im Erwachsenenalter ist dies eigentlich keine Behauptung, sondern eine Feststellung.

Es ist nämlich so: beschäftigen wir uns mit der Vergangenheit, der Kindheit und den persönlichen Eigenschaften zahlreicher Selfmade-Millionäre so stellen wir fest: es liegt meist eben doch an einem selbst und an der inneren Einstellung. Und es braucht Zeit! Millionäre entstehen nicht von heute auf morgen, viele sind erst weit nach ihrem fünfzigsten Lebensjahr in der glücklichen Lage, sich „reich" nennen zu dürfen.

Allerdings ist der Leistungsdruck, unter den sich diese Menschen setzen, oft ein selbstgemachter gewaltiger. Denn: Von nichts kommt nichts! Und das ist eine Einstellung, die eben diese Reichen von den Armen unterscheidet.

Warum ich genau hierüber so viel erzähle? Weil finanzielle Freiheit gleich nach der Gesundheit einer der größten Wünsche der meisten Menschen ist, mit denen man über Wünsche, Träume und Lebensziele spricht.

Dass finanzielle Freiheit Entbehrungen und vor allem Leistung erfordert, wollen nur viele immer noch nicht wahrhaben. Womit wir wieder bei der Prokrastination, der Aufschieberitis angelangt wären. Mit der wir uns aber in einem eigenen Kapitel beschäftigen werden.

Haste was, biste was

Neben der finanziellen Freiheit, sich Gesundheit und schöne Erlebnisse kaufen zu können, ist der materielle Besitz ein weiterer großer Punkt, der einen großen Leistungsdruck erfordert. Immer noch sind es die Luxusgüter, an denen sich Menschen vergleichen und messen. Und wer behauptet, er sei davor gefeit, dem kann ich nicht glauben.

Die einen legen Wert auf das neueste Smartphone, die anderen bevorzugen das schickste Elektroauto. Die dritten, materiell anscheinend überhaupt nicht fixierten Leute ernähren sich extrem gesund mit teuersten Bio-Produkten und feiern die neuesten Sporttrends und nachhaltig produzierte Waren.

Egal in welcher Gesellschaftsschicht wir uns bewegen, geht es immer noch oft genug um Haben oder Nichthaben. Und Besitz erzeugt immer auch Ballast und Druck. Das geht so weit, dass es ganze Gegenbewegungen gibt, die sich dem Minimalismus angeschlossen haben. Wer hier etwas auf sich hält, besitzt zwar nicht viele Dinge, da wird eifrig aussortiert und gespendet – dafür sind die wenigen Besitztümer dann von besonders hochwertiger Qualität. Ein bisschen Luxus darf dann natürlich sein. Und schon ist der Leistungsdruck selbst beim Minimalisten angelangt.

Kinder und Karriere

Da kann man sagen, was man möchte: Kinder und Karriere unter einen Hut zu bekommen ist nicht machbar. Man mag jetzt kritisch schmunzeln, daher möchte ich diese so anmaßende These gerne erläutern: Kinder brauchen Zeit und eine Karriere braucht ebenfalls Zeit. Und beides gemeinsam ist nahezu nicht realisierbar.

Ein einfaches Beispiel: Sie wollen als Unternehmensberater in einer großen renommierten Unternehmensberatung Ihren Weg nach oben gehen. Sie steigen als Junior Berater ein, es folgen Beförderungen zum Berater, Senior Berater, Experten, Partner. In diesem Beruf sind Sie meist von Sonntags bis Freitags unterwegs. Dauerhaft. Manchmal sogar weltweit. Aber Sie machen Karriere und zwar richtig. Oder Sie sind selbstständig und arbeiten tatsächlich länger als 4 Stunden pro Tag. Selbst ein gewöhnlicher Vollzeitberuf von 40 Stunden die Woche sei hier in Betracht gezogen. Wobei wir da schon wieder bei der Begriffsdefinition der Karriere wären.

Wie dem auch sei: als Unternehmensberater können Sie sich nicht gleichzeitig um Kinder kümmern, aber dazu haben Kinder bekanntermaßen zwei Elternteile. Selbst Sheryl Sandberg, die Vorzeigekarrierefrau aus dem Hause Google, respektive Facebook, hat in Ihrem Plädoyer an die Frauen, dem Buch „Lean in: Frauen und der Wille zum Erfolg" angemerkt, dass Sie ihre Karriere niemals so hätte gestalten können, hätte sich ihre Familie nicht um die Kinder gekümmert. Da benötigt es Geschwister, Großeltern und Freunde.

Krankheitsfälle bei den Kindern, Ausfälle in den Betreuungseinrichtungen oder allein schon die Ferien sind Herausforderungen, die Berufstätige stemmen müssen.

Wirklich Karriere machen ist mit Kindern daher tatsächlich schwierig.

Auf der anderen Seite wächst der Leistungsdruck auf Eltern. Zum einen reicht mittlerweile kaum noch ein einziges Gehalt aus, um der Familie tatsächlich ein angenehmes Leben zu finanzieren. Zum anderen möchte man sich selbst nicht mehr nur zu Gunsten der Familie zurücknehmen müssen, und im Falle einer Trennung sollen schließlich beide Elternteile beruflich gleichberechtigt auf eigenen Füßen stehen können. Die Unabhängigkeit vom Partner ist heutzutage wichtiger denn je.

Die Gesellschaft gibt den letzten Rest dazu und verurteilt Eltern gern: wer sich zu Gunsten der Familie zurücknimmt gilt als aufopfernd, nicht selbstbestimmt genug, um die eigenen Wünsche zu leben. Wer sich allerdings dafür entscheidet neben der Familie einer Karriere nachzugehen, zumindest ansatzweise, und die Kinder in Ganztageseinrichtungen betreuen lassen will, obwohl man es nicht einmal müsste wird schnell in die Schublade der Rabeneltern gesteckt.

Wie man es macht, ist es nicht recht – und so besteht in dieser Konstellation für viele Menschen immer ein gewisser Leistungsdruck.

Ganz zu schweigen von den jungen Menschen, die sich bewusst dazu entscheiden, keine Kinder zu bekommen. Auch hier ist der Druck irgendwann immens. Muss man ständig erklären, warum man sich gegen Kinder entschieden hat. Klimawandel? Egoismus? Der Druck wächst von allen Seiten. Wer soll denn die Rente der älteren Generationen finanzieren?

Rente mit 70?

Denn der Leistungsdruck hört im Alter nicht auf: das Renteneintrittsalter steigt, bei weniger Rentenleistung. Woher denn auch, wenn immer weniger junge Menschen immer weniger Kinder bekommen?
Also arbeiten wir und arbeiten. Wir tauschen Zeit gegen Geld. Manche, weil sie es wollen, aber viele, weil sie es müssen.

Psychische Krankheiten wie Burnout oder Depressionen sind auf dem Vormarsch und werden nicht weniger. Selbst Grundschulkinder sind davor nicht gefeit – nicht umsonst heißt die Grundschulempfehlung für weiterführende Schulen in der 4. Klasse im Volksmund mittlerweile auch „Grundschulabitur". Der Druck wächst durch alle Altersstufen hindurch, von der 7- bis zur 70jährigen.

Und da die Rentenleistungen am Ende meist nicht ausreichen, muss privat vorgesorgt werden. Was wiederum finanziert werden will. Und so ist es keine Seltenheit, dass viele mehr als einem Beruf nachgehen.

Der Druck wächst und wächst, durch alle Altersschichten hindurch und durch alle Berufsgruppen. Ein Ende ist nicht in Sicht… und obwohl der Druck immer größer wird, steigt paradoxerweise die Fähigkeit, Dinge aufzuschieben.

Prokrastination

Denn das ist die Kehrseite der olympischen Medaille: kurz nach der Jahrhundertwende, im Jahre 1908, änderte sich das Olympische Motto. Seit damals heißt es: „Dabei sein ist alles!". Leider missverstehen manche Mitmenschen dieses Motto und nutzen es eher als Ausrede, denn als Ansporn.

Es wird nicht fürs Siegertreppchen reichen? Ist doch egal, dabei sein ist alles! Im Job den großen Auftrag an den Marktbegleiter verloren? Auch egal, Hauptsache bei der Ausschreibung dabei gewesen. Glücklichsein, dass man überhaupt einen Job hat!

Wie so oft im Leben muss man manche Erfahrungen besser selbst machen, und so kam auch ich bereits in frühen Jahren in den, sagen wir, Genuss der Prokrastination, im Volksmund bekannt als „Aufschieberitis".

Es begann in der Grundschule: ohne großartig lernen zu müssen, bekam ich gute Noten. Die schlechteste Note war eine 2 Minus, und das auch nur, weil ich auf eine Heimat- und Sachkunde-Klassenarbeit nicht gelernt hatte und mir (im Übrigen bis heute) den Unterschied zwischen Winterschlaf, Winterruhe und Winterstarre einfach nicht merken konnte. Eichhörnchen, Bär, Fuchs… Sie können gern recherchieren, dieses Nichtwissen hat mir bisher nicht gefehlt und so kann ich Ihnen immer noch nicht erklären, wer nun wann wo wie schläft. Oder auch nicht.

Wie dem auch sei, lernen musste ich nie und so freute ich mich in der Abschlussklasse auf das bevorstehende Gymnasium.

Nach einem halben Jahr Klasse 5 auf einem allgemeinbildenden Gymnasium einer typisch schwäbischen mittleren Kleinstadt mit damals 11.000 Einwohnern wurde mir schlagartig bewusst: so wird es nicht weitergehen. Geläutert und ein wenig demotiviert musste ich mir eingestehen: entweder ich fange nun an zu lernen (es ist ja nicht so, dass die Erwachsenen einen vor dem Ernst des Lebens nicht gewarnt hätten) … oder… ich ließ den Ernst noch ein wenig warten und hatte Spaß am Leben. Ich entschied mich für letzteres, zuckte mit den Schultern, packte das Zeugnis mit den 4ern und 5ern in meine Schultasche und schwor mir: „Ab jetzt gilt: 4 gewinnt!". Aber meine kostbare Zeit zum Lernen zu verschwenden? Niemals!

Der Höhepunkt meiner gymnasialen Karriere war zweifelsohne die 10. Klasse. Ich sehe das Halbjahreszeugnis noch heute vor mir: „Versetzung gefährdet. Ein Gespräch mit den Eltern ist gewünscht.". Nach der Androhung meiner Eltern, wenn ich nicht endlich lernen würde, müsste ich Nachhilfeunterricht nehmen, setzte ich mich gezwungenermaßen hin und lernte. Um die 5-6 in Latein, die 5 in Mathematik, die 5 in Chemie und die 5 in Englisch auszugleichen. Auf extra Nachhilfe hatte ich keine Lust, ich muss allerdings gestehen: außer für den Lateinunterricht hatte ich auch dann immer noch nicht gelernt.

Vielleicht mit mehr Glück als Verstand hielt ich im Frühjahr 1998 mein Abitur in den Händen. Mit dem kleinen Latinum, einem Notendurchschnitt von 3,3 und dem trotzigen Stolz, alles ohne Lernen selbst geschafft zu haben. Ich fühlte mich zwar nicht klug, dafür aber selbstbestimmt.

Ich war perfekt darin, faul zu sein und Dinge aufzuschieben! Gute Noten? Kann ich dann schreiben, wenn ich studiere! Mich anstrengen? Kann ich dann machen, wenn ich einen Job habe! Mich um Themen wie Finanzen, Versicherungen, Vorsorge kümmern? Kann ich machen, wenn ich dann mal verheiratet bin. Und einen Mann habe, der sich nicht darum kümmert. Und selbst damals war für mich klar: dieser Fall wird nicht eintreten, vielleicht später mal, schließlich verstehe ich (was gerade erst bewiesen worden war) absolut nichts von Mathematik und Zahlen. Mich motivieren, irgendetwas zu tun? Schwierig. Ich musste schon Lust dazu haben. Dann ging es, dann war es ganz leicht.

Immer wenn man Lust auf etwas hat, gehen die Dinge leicht von der Hand. Bis man die Lust verliert. Oder merkt, dass es anstrengend wird. Und dann fällt einem dieses unheimlich hilfreiche Mantra ein:

Was du heute kannst besorgen, das verschiebe ruhig auf morgen!

Die Internet-Enzyklopädie Wikipedia beschreibt die Prokrastination so:

„Prokrastination bezeichnet ein Verhalten, das dadurch gekennzeichnet ist, dass Aufgaben trotz vorhandener Gelegenheiten und Fähigkeiten entweder nicht oder erst nach sehr langer Zeit und dabei oft zu spät erledigt werden."

Es gibt ja SO viele Dinge auf der To Do-Liste, die man eigentlich schon die ganze Zeit machen wollte! Nur leider ist es gerade sehr arg ungeschickt… weißt du, wenn die Kinder nicht wären… und meine Eltern, die wollten ja auch noch … und wenn ich so recht darüber nachdenke, eigentlich ist das Wetter… und wenn ich ganz ehrlich bin, fühle ich mich heute einfach nicht so … ja und eigentlich …

Die Liste der Ausreden ist oft abenteuerlich lang und würde man die Zeit, in der man sich überlegt, warum man diese eine Aufgabe jetzt gerade NICHT erledigen kann dazu nutzen, sie einfach zu erledigen, dann würden manche Aufgaben schlichtweg nicht einmal auf einer To Do-Liste landen, weil sie ganz einfach bereits vorher erledigt wären.

Aber wozu sich hetzen, beeilen oder unter Druck setzen (lassen): Morgen ist auch noch ein Tag!

Der Witz an der ganzen Geschichte ist sogar, dass die Prokrastination im Gegensatz zur Faulheit ein "aktiver Verdrängungsprozess" ist. Sind wir faul, dann tun wir einfach nichts. Statt die Steuererklärung zu erledigen, sitzen wir mit dem Smartphone auf dem Sofa und spielen Handyspiele. Oder machen einen Mittagsschlaf. Wenn wir allerdings Dinge aufschieben, also wirklich prokrastinieren, dann erledigen wir *statt* der eigentlichen Aufgabe tausend andere Dinge. "Ich mache gleich die Steuererklärung, aber zuerst hänge ich die Wäsche auf! Und dann wollte ich nur kurz einkaufen gehen. Und ach ja, das Auto könnte ich heute auch noch waschen…huch! Schon wieder Abend? Dann mache ich die Steuer lieber morgen…"

Dass die meisten Menschen sich schlechter fühlen, je mehr sie vor sich herschieben, ist zwar unverständlich, aber Fakt. Unangenehme Dinge erledigen? Das schieben wir bis zum letzten Tag vor uns her – oder einfacher formuliert: leider meist, bis es zu spät ist. Um sich anschließend noch schlechter zu fühlen. Bis irgendwann das Selbstwertgefühl sinkt und die eigene Unlust immer größer wird.

Dabei ist es doch kein Wunder, in einer Welt, in der wir - im Vergleich zu früher - immer mehr Wahlmöglichkeiten vorfinden.

Wer die Wahl hat, hat die Qual…

Denn wir können mittlerweile alles wählen. Ob Kindergarten oder Kindertagesstätte. Welche Grundschule. Welche weiterführende Schule, darf es eine öffentliche Schule sein oder soll es eine Privateinrichtung sein? Die Berufsausbildung, der erste wirklich wichtige Schritt in ein eigenständiges Leben. Aber auch hier darf man wählen: ein Kind, respektive junger Erwachsener, erhält im Normalfall von seinen Eltern in Deutschland eine Ausbildung finanziert. Sollte man allerdings im zweiten Lehrjahr oder nach zwei Semestern Studium feststellen, dass diese Ausbildung die falsche Entscheidung war, so darf man sich umentscheiden, eine völlig andere Ausbildung wählen und kann von den Eltern verlangen, diese nun vollständig zu finanzieren. Unser Staat erlaubt diesen jungen Menschen einen Fehlgriff. Kann schließlich mal passieren. Ist ja auch in Ordnung so.

Das Problem dabei ist nur, dass es mittlerweile immer mehr junge Menschen gibt, die sich bis zuletzt überhaupt nicht im Klaren darüber sind, was sie eigentlich einmal werden wollen. Oder wer sie werden wollen. Oder was sie machen wollen. Denn von den Eltern und der Gesellschaft wurde man schließlich seit Kindesbeinen darauf vorbereitet: du kannst alles werden, wenn du nur an dich glaubst!!!

Nur was will ich denn eigentlich? Bei all diesen Wahlmöglichkeiten? Es ist alles so verführerisch, dass man irgendwann überhaupt nicht mehr weiß, welche berufliche Laufbahn man denn nun anstreben soll, wer denn nun der richtige Lebenspartner für einen ist und was die eigentlichen Ziele eines jeden Einzelnen sind.

Und sich darüber Gedanken zu machen, kann ganz schön anstrengend sein. Also lassen es viele lieber gleich bleiben, entscheiden sich für irgendwelche mittelmäßigen Kompromisslösungen und geben sich damit zufrieden, dass sie zur Not ja eigentlich, wenn man es wirklich wollen würde, ja auch ganz anders… schließlich weiß doch jeder:

Wer nichts macht, macht nichts falsch.

Und bevor wir irgendwelche Fehlentscheidungen treffen, warten wir es lieber ab. Schieben die Entscheidungsfindung noch ein wenig vor uns her. Warten auf einen besseren Moment. Manchmal glauben wir auch einfach, noch nicht gut genug oder bereit für etwas zu sein. Dann wollen wir besser werden und versprechen uns selbst: „Wenn ich dann mal…" – obwohl wir genau wissen, dass dieser Fall wohl kaum eintreten wird.

Aber: ist auch alles nicht so schlimm, denn wir beruhigen uns mit olympisch angehauchten Ambitionen: Dabei sein ist alles! Zumindest der Wille war da.

Der Siegeszug der Mittelmäßigkeit

Und dann sind wir dort angekommen, wo wir eigentlich nie hinwollten: in der Mittelmäßigkeit. Als Kind hat man sich noch viel erträumt. Manche wollten Millionär werden. Sie kennen sicher noch Ihre Antwort, wenn Sie als Kind gefragt wurden: „Wenn du einen Wunsch frei hättest, was würdest du dir wünschen?". Wer hat da nicht geantwortet: „Dass alle meine Wünsche in Erfüllung gehen!!!". Und bei jeder Sternschnuppe am Himmel hat man sich wieder und wieder unzählige Male Dinge gewünscht. Und diese möglicherweise auch früher oder später bekommen – oder auch nicht.

Im Erwachsenenalter muss sich dann so manch einer eingestehen, dass die Kindheitsträume in weite Ferne gerückt sind. Weil.

Weil man irgendwann verstanden hat, dass man, um bestimmte Dinge zu erreichen, auch etwas dafür tun muss. Oder manchmal sicherlich auch Glück braucht. Oder einfach nur, dass alles seinen Preis hat.

Reich sein will fast jeder. Einmal im Lotto gewinnen, das wäre schon was! Einige behaupten dann gern, dass es Dinge gibt, die man mit Geld nicht kaufen kann. Liebe zum Beispiel. Oder Gesundheit. Das sehe ich tatsächlich ein wenig differenzierter. Gesundheit kann man sich durchaus kaufen. Vorsorgetermine beim Arzt, eine ausgewogene und gesunde Ernährung. Wer kein Geld hat – oder nur wenig – kann sich nicht einmal das leisten. Liebe kann man sich nicht kaufen. Wenn aber in einer Familie beide Elternteile so viel arbeiten müssen, um die Miete zu bezahlen und den Lebensunterhalt zu stemmen, dass sie keine Zeit mehr für sich oder die eigentliche Familie haben, dann wäre ein gut bezahlter Job oder einfach nur mehr Geld auch nicht verkehrt.

Verstehen Sie mich bitte nicht falsch. Die wichtigsten Dinge im Leben sind keine Dinge!

Dennoch begnügen sich viel zu viele Menschen mit halbherzigen Kompromissen ihrer ursprünglichen Lebenswünsche, weil sie die wirklich wichtigen Entscheidungen aufschieben. Und weil sie nicht bereit sind, den Preis zu bezahlen, der für die Wünsche angemessen ist oder einfach zu zahlen wäre. Dann fällt einem wieder ein, dass dabei sein alles ist. Und wenn der Tag lang ist und der Nachbar sein neues Auto abgeholt hat, mit dem er am Wochenende zu einer einwöchigen Golf-Reise mit seinen Freunden startet, dann versucht man, den in sich heranwachsenden Neid zu bekämpfen. Mit Sprichwörtern und Floskeln. Geld macht nicht glücklich!

Ich kann Ihnen nur antworten: aber es beruhigt ungemein.

Und weil es nie zu früh ist, seine Träume und Wünsche anzupacken und zu erreichen, lassen Sie uns gemeinsam loslegen! Unsere Lebenszeit ist viel zu schade, um sie mit aufgeschobenen Wünschen zu verschwenden! Zeit ist nämlich etwas, das man mit Geld nicht kaufen kann. Und Zeit ist wertvoll. In der heutigen Gesellschaft wahrscheinlich sogar das teuerste Luxusgut, das man besitzen kann.

Wenn Sie daher wieder etwas von heute auf morgen schieben wollen, dann lassen Sie sich eines gesagt sein:

Heute war gestern schon morgen!

DAS BEGINNEN

*„Eine Reise von tausend Meilen beginnt
mit dem ersten Schritt.“*

Laotse

Wir alle haben Ziele, Wünsche, Träume. Wir planen, wir wollen Dinge erreichen, oder auch manches verändern.

Viele nutzen dabei den Jahresanfang und setzen sich am 1. Januar mit einem Stapel Papier oder einem leeren – extra neu gekauften – Buch hin und schreiben Neujahrsvorsätze auf. Dabei machen wir uns Gedanken, was genau wir eigentlich erreichen wollen. Und möglicherweise auch, was wir dafür tun müssen. Den ersten Punkt schaffen viele, den zweiten Punkt vergessen die meisten.

Motivierender Weise begleitet uns Erich Kästner dabei: „Es gibt nichts Gutes, außer: man tut es!". Und wie bereits vorher erwähnt, wissen wir auch: „Von nichts kommt nichts.". Also legen wir voller Elan los!

Es gibt allerdings einen wichtigen Punkt zu beachten: Vom Listenschreiben alleine werden die Ziele nicht erreicht!

Das Aufschreiben der Punkte und der einzelnen To Do's ist tatsächlich sehr hilfreich, um den Überblick zu bewahren, deshalb ist es jedem dringend empfohlen, sich diese Zeit zu nehmen, denn das ist der eigentliche Anfang!

Vom Umgang mit To Do-Listen

Oft haben wir das Gefühl, am Ende des Tages wieder nicht so viel geschafft zu haben, wie wir uns eigentlich vorgenommen hatten. Wieder sind wir unseren Zielen nicht näher gekommen. Oder wir sind vielleicht sogar unsicher, WAS wir eigentlich genau erreichen wollten. Wenn es in unserem Kopf drunter und drüber geht und das nagende Gefühl im Bauch hängt, dass es doch noch SO viel zu tun gäbe und man parallel dazu fürchtet, etwas Wichtiges vergessen zu haben, dann ist das Aufschreiben der erste Schritt.

Vielleicht haben Sie just in diesem Moment das Gefühl, eine schier unendliche Liste an nicht erledigten Punkten in Ihrem Kopf zu haben. Oder Sie haben einfach nur das Gefühl, dass irgendetwas derzeit in Ihrem Leben nicht ganz rund läuft. Dann lesen Sie nur noch die nächsten Zeilen. Und anschließend nehmen Sie sich einen Block und einen Stift (ich empfehle an dieser Stelle tatsächlich ein Papiermedium und kein Elektronisches, denn das ist diese Geschichte mit der Hand-Hirn-Koordination) und fangen an, zu schreiben.

Für das Schreiben gibt es zwei Varianten, die einen mögen es gerne ausführlich und detailliert, die anderen wollen einfach nur Herr der Lage werden und die Listen in den Griff kriegen. Wir beginnen mit der ersten Variante, die zweite finden Sie auf Seite 42.

Variante 1: To Do-Listen richtig schreiben

Machen Sie Listen für all Ihre Wünsche, Ziele und Aufgaben, die Ihnen ad hoc in den Sinn kommen. Mehrere Listen deshalb, weil ich empfehle, diese zumindest grob nach Themengebieten zu sortieren. Es sollten nicht zu viele sein, maximal zehn. Eine mögliche Unterteilung wäre zum Beispiel:

Job / Karriere
Familie / Partnerschaft
Haus / Wohnung
Freizeit
Kinder

Damit hätten Sie bereits einen Großteil aller Themen erfasst.

Und nun notieren Sie auf jede dieser Listen ALLE Aufgaben, die Ihnen dazu einfallen. Nehmen Sie sich die Zeit dafür, die Sie benötigen. Das kann durchaus ein ganzer Abend sein. Lassen Sie die Listen anschließend noch zwei Tage liegen und fügen Sie in diesen Tagen noch die Punkte hinzu, die Ihnen auf den ersten Gedanken nicht eingefallen sind.

Das eigentliche Ziel der Übung ist es, überhaupt erst einmal ins Tun, ins Handeln zu kommen.

Denn jetzt werden Sie bemerken, dass bereits beim Aufschreiben der Punkte ein paar Aufgaben dabei sind, die keinen großen Zeitaufwand benötigen oder in relativ kurzer Zeit erledigt werden könnten, während andere sicherlich Monate, wenn nicht sogar Jahre in Anspruch nehmen.

Und genau den erstgenannten Aufgaben widmen Sie sich jetzt. Goethe hat einmal gesagt: „Erfolg hat drei Buchstaben: T – U – N.", also fangen Sie an, beginnen Sie bei der ersten Liste und widmen Sie sich ausschließlich den Punkten, die innerhalb weniger Minuten erledigt werden können. Auf diese Weise verfahren Sie ebenso mit allen anderen Listen. Natürlich wird das Abarbeiten der einzelnen Punkte einige Stunden, oder auch wenige Tage Zeit in Anspruch nehmen – das Ziel ist jedoch schlichtweg, in relativ kurzer Zeit eine relativ große Anzahl Ihrer Punkte zu erledigen. Sie werden befriedigend feststellen, dass sich so in einer überschaubaren Zeitspanne das ursprüngliche Chaos in Ihrem Kopf lichtet und zusätzlich zu der entstandenen inneren Ordnung auch eine äußere Ordnung einkehrt.

Seien Sie sich außerdem bewusst, dass es besonders in Bezug auf To Do-Listen nur eine Möglichkeit gibt, dieser Herr zu werden: indem Sie sie abarbeiten. **Es gibt keinen anderen Weg, um mit To Do-Listen umzugehen, außer die Punkte, die darauf stehen, zu erledigen.**

Und auch für die Listen selbst besteht das einfache Geheimnis aus den drei Schritten:

1. Listen schreiben
2. Schnell zu erledigende Aufgaben sofort erledigen (oder zumindest möglichst zeitnah)

3. Zeitintensivere Aufgaben nicht aus dem Blick zu verlieren und zu passender Gelegenheit zu beginnen.

Aufgaben terminieren: Vor- und Nachteile

Während die schnell zu erledigenden Punkte nicht mehr auf den To Do-Listen zu finden sein werden (weil man sie schließlich erledigt, bevor man sie aufschreiben kann), bleiben noch die Punkte, die einen größeren Zeitaufwand benötigen. Hier kann es hilfreich sein, diese Aufgaben zu terminieren und Ihnen einen festen Platz in unserem Terminkalender einzuräumen.

Für Termine, ob geschäftlich oder privat, verwenden die meisten unter uns einen klassischen Kalender. In digitaler Form oder papierbasiert, das spielt keine Rolle.

Sie haben nun die Möglichkeit, die oben genannten Aufgaben fix in Ihrem Kalender einzutragen. Versuchen Sie, für alle Termine einen entsprechenden passenden Zeitpunkt zu finden. Der größte positive Nebeneffekt ist, dass Sie auf diese Weise die To Do-Listen komplett abschaffen können und nur noch mit einem Medium arbeiten. Außerdem sparen Sie sich Zeit und Sie verzetteln sich nicht, da Sie nie wieder nachprüfen müssen, auf welcher Liste nun welcher Punkt stand. Das spart nicht nur Zeit beim Suchen, sondern auch beim Erledigen. Wer nur eine Liste führt, beziehungsweise die To Do's als Termine notiert, behält den besseren Überblick, als derjenige, der 5 To Do-Listen und zusätzlich noch einen oder mehrere Kalender im Blick haben muss.

Hier liegt in meinen Augen aber gleichzeitig der größte Nachteil: diese Methode eignet sich gut für kinderlose Singles, die einen recht geregelten (Berufs-)Alltag führen. Für einen selbstständigen Geschäftsführer mit Kindern sieht die Lage tatsächlich etwas anders aus. Dieser führt gerne mehrere Kalender (für den Beruf, die Familie, private Engagements) und ebenso viele To Do-Listen.

Außerdem müssen Sie, um Aufgaben zu terminieren, bereits im Voraus zumindest ansatzweise wissen, wie viel Zeit diese in Anspruch nehmen. Und das ist bei vielen besonders lang andauernden Aufgaben meist nicht möglich. Natürlich können Sie einigen Punkten ganz bewusst nur einen bestimmten Zeitrahmen zur Verfügung stellen – bei vielen To Dos aber eben nicht.

Nehmen wir zwei Beispiele aus meiner persönlichen To Do-Liste (sie finden diese ein paar Seiten weiter): den Punkt „Reifen wechseln" könnte ich durchaus in den Kalender aufnehmen – die Zeit wird hier ca. 45 Minuten betragen und ja, der Punkt wäre sicherlich schneller erledigt. Wenn es an dem Tag nicht unvorhergesehen regnet. Wenn ich aber den Punkt „Buch schreiben" terminieren würde, käme ich schon ins Schleudern. Natürlich könnte ich mir vornehmen, jeden Tag eine Stunde zu schreiben und das über vier Wochen. Das wäre allerdings keine Garantie dafür, dass das Buch wirklich nach vier Wochen fertig wäre. Möglich wären auch drei oder 8 Wochen. Und wenn etwas Ungeplantes dazwischen käme (Krankheit, ein Notfalleinsatz beim Kunden, ein unangekündigter Besuch der Eltern, …), dann wäre der gesamte Plan bereits zunichtegemacht.

Diese Variante des Aufgabenterminierens behagt mir daher nicht, da ich bei Nichterledigung sofort ein schlechtes Gefühl erzeuge und die Motivation, die Aufgabe zu beginnen, bereits von Anfang an sinkt.

Für kurze Termine (wie das Reifenwechseln) durchaus eine denkbare Möglichkeit, aber dennoch eine sehr individuelle, von den eigenen Lebensumständen abhängige Sache.

Denken Sie darüber nach und überlegen Sie für sich, ob, und welche Aufgaben Sie gerne in Ihrem Terminkalender fix einplanen möchten. Auf diese Weise können Sie die To Do-Listen durchaus nochmals um einige Punkte verkürzen und die entsprechenden Aufgaben tatsächlich zielgerichteter erledigen.

Was uns beim Abarbeiten dieser Punkte allerdings generell gern bremst, ist die Tatsache, dass wir viele Aufgaben perfekt erledigen wollen. Womit wir uns selbst im Weg stehen. Dazu mehr im nächsten Kapitel über das Pareto-Prinzip.

Wenn wir über To Do-Listen sprechen gibt es allerdings noch eine zweite Personengruppe: die, die von den schieren Aufgaben erschlagen werden und die sich von einer Liste zur nächsten Arbeiten, zeitgleich 25 parallele Listen, Notizzettel und Notizbücher bearbeiten. Für diese Menschen empfehle ich eine weitaus effektivere Methode der Listen-Führung:

Variante 2: Die 3 perfekten To Do-Listen

Besonders bei Menschen, die unter dem ADHS-Syndrom leider ist diese Methode beliebt, allerdings eignet sich das System auch für jeden anderen, der einfach der schieren Flut an Aufgaben nicht mehr Herr wird. Sie ist so simpel wie effektiv und funktioniert wie folgt:

Sie verabschieden sich von ALLEN To Do-Listen und Aufschrieben, die Sie bisher hatten und nehmen sich ab jetzt nur noch – Achtung – DREI Zettel in die Hand. Am besten legen Sie diese vor sich auf den Tisch. Daneben legen Sie auf einem Stapel alle bisherigen To Do-Listen, Notizzettel, Post Ist… Vergessen Sie die Listen in Ihrem Handy nicht!

Das erste Blatt beschriften Sie jetzt mit der Überschrift HEUTE.
Das zweite Blatt beschriften Sie überhaupt nicht.
Und das dritte Blatt beschriften Sie mit dem Wort PARKPLATZ.

Und nun nehmen Sie sich den Stapel Ihrer bisherigen To Do-Listen vor und fangen an zu sortieren. Die offenen Aufgaben schreiben Sie auf jeweils eines der Blätter:

Auf das Blatt HEUTE kommen ausschließlich die Aufgaben, die Sie **wirklich** heute noch erledigen müssen! Nicht mehr und nicht weniger.

Auf das Blatt ohne Überschrift notieren Sie die Aufgaben, die möglicherweise morgen oder übermorgen erledigt werden sollten. Die meisten Menschen wählen einen Zeitraum von circa einer Woche. Zum Beispiel: „Das Auto wollte ich diese Woche noch waschen, es muss jetzt nicht heute sein, aber auf jeden Fall vor Freitag, weil ich dort einen wichtigen Termin habe und das Auto sauber sein muss.".

Und auf das dritte Blatt, den PARKPLATZ, notieren Sie alle anderen Aufgaben. Punkt. Alle. Zur Not nehmen Sie hier ein zweites oder drittes Blatt dazu. Diese Aufgaben sind weder heute zu erledigen, noch haben Sie eine Priorität für die kommende Woche. „Irgendwann wollte ich noch die Fotos sortieren, hat jetzt aber keine Eile."

Nun haben Sie alles, was Sie brauchen. Das Vorgehen ist relativ simpel. Es gibt in Zukunft nur noch diese drei Listen. Das erste Blatt schreiben Sie jeden Tag neu. Gibt es eine nicht erledigte Aufgabe wird sie am nächsten Tag neu notiert, oder Sie merken „Moment, eigentlich kann diese Aufgabe auf die zweite Liste.". Dann übertragen Sie diese dorthin. Die zweite Liste schauen Sie sich eine Woche lang täglich an und entscheiden, welche Punkte es gibt, die nun auf die „HEUTE"-Liste wechseln müssen – oder ob es möglicherweise Aufgaben gibt, die auf den Parkplatz geschrieben werden können!

Den Parkplatz, den lassen Sie geduldig liegen und schauen alle paar Tage einmal darauf. Gibt es Aufgaben, die Sie in der Zwischenzeit möglicherweise zusätzlich erledigt haben? Oder die *sich von selbst* erledigt haben (manches erledigt sich mit der Zeit von allein)?

So behalten Sie den Überblick und fühlen sich nicht gleichzeitig überfordert, weil auf der HEUTE-Liste wirklich nur die Dinge stehen, die Sie auch erledigen können. Oft nehmen wir uns nämlich viel zu viel vor. Und damit kommen wir zum nächsten Kapitel, in dem wir unserem Perfektionismus ein Schnippchen schlagen können…

Pareto schlägt Perfektionismus

Vielleicht haben Sie schon einmal etwas vom Pareto-Prinzip gehört. Dieses Prinzip besagt, dass 80% der Ergebnisse mit 20% des Gesamtaufwands erreicht werden. Was zur Folge hat, dass die restlichen 20% der Ergebnisse 80% des Gesamtaufwandes benötigen, somit die quantitativ meiste Arbeit. Einfach formuliert bedeutet dies: für 80% der Aufgaben auf Ihren Listen werden Sie 20% der gesamten Zeitdauer benötigen. Und für die restlichen 20% der Aufgaben benötigen Sie wiederum 80% der Zeit.

Unser Bedürfnis, viele Dinge perfekt machen zu wollen behindert uns an dieser Stelle massiv. Denn natürlich wollen wir unsere Aufgaben zu 100% erledigen und nicht nur zu 80%. Die Frage ist jedoch, ob die letzten 20% zur Zielerreichung überhaupt tatsächlich von Nöten sind?

In den wirklich meisten Fällen reichen die 80% nämlich völlig aus!

Das bedeutet aber auch: wenn Sie sich nun bewusst machen, dass das Abarbeiten ALLER Punkte Ihrer Liste, sagen wir beispielsweise 4 Wochen benötigt (schließlich sind auch langwierige Aufgaben dabei), und Sie kümmern sich wie oben besprochen zuerst um die kleinen und schnell zu erledigenden Aufgaben, dann werden Sie erstaunlicherweise nach einer Woche feststellen, dass Sie bereits ziemlich genau 80% Ihrer Aufgaben erledigt haben. Und Sie im Umkehrschluss für die restlichen 20% die letzten 3 Wochen benötigen werden.

Ich möchte Sie nun nicht hindern, diese letzten großen Aufgaben zu erledigen, aber bedenken Sie nun an dieser Stelle, zu diesem Zeitpunkt, ob der Arbeitsaufwand, der Ihnen bevorsteht, auch wirklich gerechtfertigt ist! Oder ob Sie mit dem bereits erledigten (nämlich achtzig Prozent Ihrer gesamten Liste) nicht zufrieden sein möchten?

Perfektionismus ist ein wunderbarerer Stressbeschleuniger. Wenn Sie stets perfekt sein wollen und alles (alles!) meinen, perfekt erledigen zu müssen, werden Sie unweigerlich mit vielen Ihrer Aufgaben gar nicht erst beginnen. Perfektionismus lässt Sie dauerunzufrieden werden und unglücklich.

Ja, ich gehöre auch zu den Menschen, die gern die meisten Dinge perfekt haben wollen. Denn eines ist sicher: wer etwas gleich richtig erledigt und auf Fehler achtet, wird im Nachgang weniger Korrekturen und Nacharbeiten zu erledigen haben! Wenn Sie etwas auf die Schnelle, husch husch, nur damit es getan ist, erledigen, zahlen Sie meist hinterher den Preis dafür. Beim Vermeiden des Perfektionismus geht es aber nicht darum, den Schlendrian Einzug halten zu lassen. Natürlich tun Sie das, was Sie tun gut und richtig und ohne Fehler, wenn möglich. Und ohne zu hetzen, sondern in genau dem Tempo, das Ihnen guttut. Das Ziel dabei ist jedoch, dass Sie sich stets bewusst machen und hinterfragen, ob bei der Erledigung möglicherweise auch 80% ausreichen. Oder ob bei den Aufgaben 20% dabei sind, die eigentlich ersatzlos gestrichen werden könnten.

Ich möchte Sie ermutigen, sich allen Aufgaben zu widmen! Ich persönlich bin ein Mensch, der gerne die 100% erledigt. Allerdings schreibe ich vielleicht auch nicht mehr utopisch anmutende Punkte auf meine Listen, so dass sich auf meinen vier To Do-Listen jeweils maximal zehn Punkte finden.

Und zwar unterschiedlichster Natur. Damit Sie ein anschauliches Bild davon haben, wie beispielsweise meine aktuelle Alles – Mögliche - Liste aussieht, hier ein Screenshot (ich verwalte meine Listen digital, um jederzeit Zugriff darauf zu haben und jederzeit Punkte erledigen zu können). Sie sehen, es sind Punkte dabei, die sich schnell erledigen lassen – meine Wand im Wohnzimmer bekommt einen neuen Anstrich, das Ausmessen ist innerhalb weniger Minuten erledigt. Der erste Punkt, dieses Buch hier zu schreiben, dauert allerdings ein paar Monate.

Dem Perfektionismus schlagen Sie also ein Schnippchen, indem Sie sich bei jeder Aufgabe kurz überlegen, ob Sie wirklich

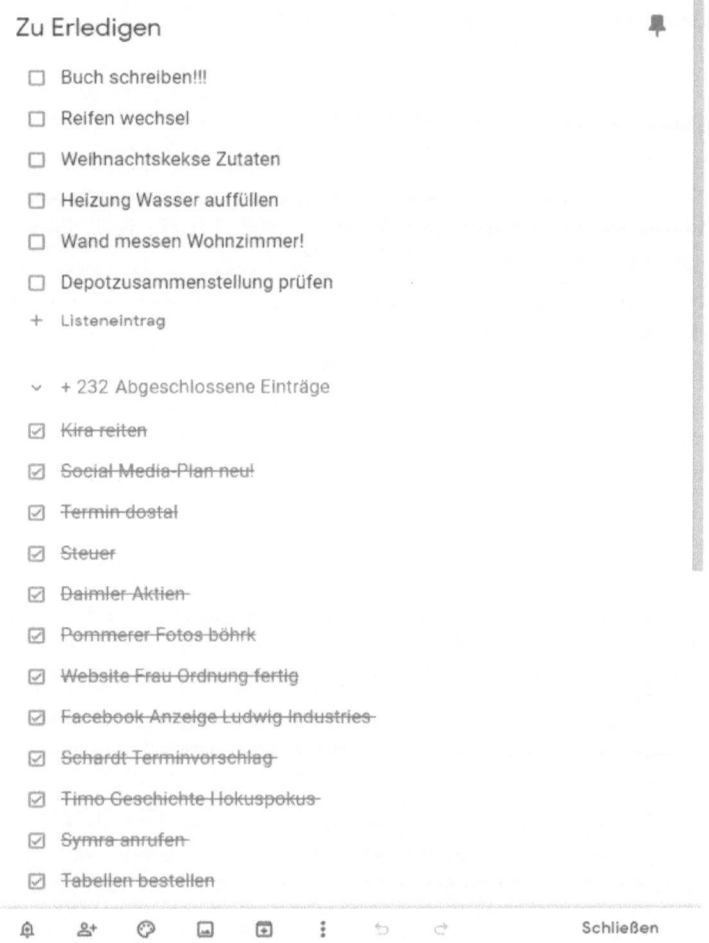

100% zur Erledigung benötigen, oder ob auch 80% ausreichen würden.

Am Anfang werden Sie dieses Bewusstsein erst langsam entwickeln und Sie müssen sich dieser Frage im buchstäblichen Sinne „bewusst sein". Mit der Zeit wird sich allerdings ein Automatismus entwickeln, so dass sich das Gefühl, alles perfekt machen zu müssen, immer weiter in den Hintergrund drängen wird.

Verwechseln Sie diese Aufforderung aber nicht mit der Ansage, ab sofort nur noch halbherzige Ergebnisse abzuliefern! Das, was Sie tun, machen Sie vollständig und sehr gut! Die 80% sollen nicht geschlampert und halbherzig erledigt werden. Finden Sie Ihre persönliche Balance, denn das ist ein sehr individuelles Empfinden.

Gerne wird das Pareto-Prinzip auch missverständlich verwendet und genutzt, um die eigenen Überwindungsängste zu schüren. „Wenn ich nicht 100% schaffe, dann brauche ich auch gar nicht erst anfangen!"

Überwindungsängste besiegen

Einer der Hauptgründe, warum wir unsere Ziele nicht erreichen, ist schlichtweg die Tatsache, dass wir oft ein viel zu niedriges Selbstvertrauen in unsere Stärken entwickelt haben.

„Das schaffe ich doch sowieso nicht!"

Wir versuchen, uns selbst zu motivieren, hängen uns Zitate von erfolgreichen Menschen neben den Schreibtisch und fühlen uns dann doch irgendwie ständig so unbedeutend und klein. Die erfolgreichen Menschen, die Großen und die Reichen und die Berühmten, die haben ja alle keine Ahnung! Wenn *die* in unserer Situation wären, dann würde es ihnen auch so schwerfallen! Umgekehrt stellen wir uns vor, dass uns unser

Leben einfacher fallen würde, wenn wir in deren Situation wären.

Fakt ist jedoch: oft haben diese Menschen dieselben oder annähernd ähnliche Voraussetzungen wie wir gehabt, als sie geboren wurden. Es kommt IMMER auch auf einen selbst an! Natürlich – wer in einem reichen Elternhaus geboren wird und auf eine gute Schule gehen darf, hat es sicherlich leichter, ein Verständnis für Kapitalanlagen zu entwickeln. Aber ob berühmt oder nicht: der Tag hat 24 Stunden. Ob Sie Elon Musk sind, der Papst oder Sie selbst. Wie Sie die 24 Stunden allerdings ausfüllen, darin liegt der große Unterschied!

Nun möchte ich Ihnen dazu eine kleine Geschichte vor Augen führen, die mir letzten Sonntag widerfahren ist:

Als ehrenamtliche evangelische Kirchengemeinderätin durfte ich letzten Sonntag die Schriftlesung im Gottesdienst halten. Es war ein besonderer Gottesdienst, denn wir feierten die Goldene Konfirmation. Und so waren nicht nur die üblichen Gottesdienstbesucher anwesend, sondern auch sieben Jubilare, Erwachsene, die alle gemeinsam vor 50 Jahren konfirmiert wurden. Nach der Predigt durften diese Sieben nach vorn an den Altar kommen, um den Segen und eine besondere Urkunde zu erhalten.

In dem Moment, als ich diese Menschen dort stehen sah, fiel mir auf, dass sie unterschiedlicher nicht sein könnten. Vier Herren, drei Damen. Auf den ersten Blick nicht außergewöhnlich, beim Einlaufen in die Kirche ist mir schließlich auch nichts aufgefallen. Jetzt aber, so deutlich vor mir stehend, konnte ich die Unterschiede sofort sehen: der eine Herr extrem wohlhabend gekleidet. Einen teuren Mantel, ein goldenes Armkettchen, auf der perfekten Frisur eine Brille tragend nahm er den Segen des Pfarrers entgegen. Der Gang, wie er zum Altar schritt, aufrecht, der Körper selbst gut gebaut, aber sportlich, das ganze Wesen elegant. Das Gesicht strahlte Ruhe, viel Selbstvertrauen, aber auch eine große Freundlichkeit aus. Man erkannte sofort: dieser Mann führt ein mehr als angenehmes Leben! Und eine Minute später trat ein anderer Herr vor den Herrn Pfarrer. In einer alten Sportjacke, die Schuhe abgetragen, die Haare zerzaust und fettig über die Stirn hängend stand er dort. Kein Lächeln und ein gebückter Gang, als er zurück in die Reihe der anderen Jubilare lief. Das Leben hatte diesen Herrn gezeichnet, gesund sah er nicht aus, aber auch nicht glücklich. Bekannt war mir keiner der beiden.

Und wie der Pfarrer nochmals betonte, dass diese Menschen sich schon einmal getroffen hatten – nämlich vor 50 Jahren anlässlich Ihrer Konfirmation – wurde mir bewusst, dass all diese Leute damals um die 14 Jahre alt gewesen sein mussten. Und egal aus welchen Verhältnissen sie stammten, sie gingen damals wahrscheinlich auch alle noch zur Schule. Im Jahr 1971! Nicht mitten in einem der furchtbaren Weltkriege oder einer anderen Katastrophe. Normale Kinder in normalen Schulen.
Ich fragte mich, ob die Unterschiede wohl bereits damals so ausgeprägt sein mochten? Selbst wenn – ich war wachgerüttelt und mir wurde wieder einmal bewusst, wie unheimlich viel von uns selbst, von unserer eigenen inneren Einstellung abhängt!

Ob wir unsere To Do-Listen nur füllen oder sie auch abarbeiten. Ob wir von unseren Zielen träumen – oder sie auch erreichen. Und ob wir an uns selbst glauben – oder nicht! Wir müssen unsere Überwindungsängste besiegen, wenn wir Dinge in Angriff nehmen wollen. Negative Gedanken und Glaubenssätze behindern uns an dieser Stelle und stehen uns im Weg. Das wird doch sowieso nichts! Ich kann das nicht! Das kann gar nicht gut werden! Meine Eltern hatten Recht, ich werde das nie schaffen! Das war schon immer so bei mir!

Wir begnügen uns dann gern mit Ausreden. Dass wir uns selbst so lieben sollten, wie wir sind. Dass uns auch andere Menschen so akzeptieren müssen. Dass das Genie das Chaos beherrscht. Es fallen uns eine Million Ausreden ein, die sicherlich durchaus ihre Daseinsberechtigung haben oder manchmal auch ein Fünkchen Wahrheit enthalten.

Wer aber Dinge erreichen will, sollte sich bewusst machen, welcher dieser trügerischen Aussagen er bisher geglaubt hat. Welche man manifestiert hat und in sich trägt. Um kritisch zu hinterfragen, ob sie an dieser Stelle weiterhelfen.

Manche Menschen behaupten, Sie müssten erst einmal zu sich finden. Doch dazu fehle ihnen die Zeit. Oder die Muße. Meistens ist es auch hier nur die Angst, sich mit sich selbst auseinandersetzen zu müssen.

Paul Watzlawick hat einmal gesagt:
„Wer zu sich selbst finden will, darf andere nicht nach dem Weg fragen."

Ihre Ängste überwinden können Sie nur selbst. Es gibt Unterstützer und zahlreiche Personen, die Sie auf Ihrem Weg begleiten werden. Aber gehen müssen Sie ihn selbst.

Und ich weiß, ohne Sie zu kennen, dass Sie das auch schaffen werden! Sie müssen nur wollen.

Ab und zu kann es an dieser Stelle sehr hilfreich sein, sich einen starken Partner ins Boot zu holen und um Rat zu fragen. Wenden Sie sich an professionelle Therapeuten oder Coaches, die Sie dabei unterstützen, Ihre Ängste zu besiegen und die negativen Glaubenssätze nach und nach durch positive Gedanken zu ersetzen.

Gerade die Möglichkeit einer guten Psychotherapie sollten Sie wirklich nutzen. Ob Sie an Depressionen leiden, unzufrieden in Ihrer Partnerschaft sind oder einfach nur irgendwie unglücklich: eine Therapie kann hier wahre Wunder bewirken und aus Ihnen den Menschen machen, der Sie sein müssen, um Ihre Ziele und Träume zu erreichen. Dabei müssen Sie keine Angst haben, dass Ihre Kindheitsgeschichte neu ausgegraben wird oder Sie mit Themen konfrontiert werden, mit denen Sie nicht umgehen können. Selbst wenn dies so wäre: gemeinsam mit einem guten und erfahrenen Therapeuten bekommen Sie diese "Baustellen" in den Griff - und die Belohnung wird ein wesentlich entspannteres und glücklicheres Leben sein. Ich kann Ihnen aus persönlicher Erfahrung an dieser Stelle wirklich nur dazu raten. Natürlich können Sie sich auch alleine auf diese Reise begeben - dann sei jedoch vorsichtig erwähnt, dass Sie diese Erfahrungen durchaus überrollen können. Seien Sie einfach etwas vorsichtig, vertrauen Sie dem Prozess und denken Sie positiv.

Motivation und Volition: vom Wollen zum Machen mit dem Rubikon-Modell

Nur positiv zu Denken allein reicht jedoch nicht aus. In den letzten Jahren hat die positive Psychologie einen regelrechten Hype erfahren. Du musst nur an dich glauben! Gib nicht auf, irgendwann erreichst du dein Ziel!

Fakt ist: vom Glauben allein werden Sie Ihre Ziele sicher nicht erreichen. Die To Do-Listen erledigen sich nicht von selbst und die Arbeit schon gar nicht.

Am Markt tummeln sich zahlreiche Motivationstrainer und Life Coaches, die Ihnen dabei helfen wollen voranzukommen. Natürlich haben Sie Recht, wenn es darum geht, Sie erst einmal zu motivieren! Denn ohne Motivation kommen wir auch nicht ins Handeln.

Die Motivation ist besonders am Anfang wichtig. Trotzdem muss danach eine Handlung erfolgen und dann steht die Motivation nur an zweiter Stelle.

Ein grandioses Beispiel für den Unterschied zwischen Wollen und Machen, und warum reine Motivation nicht ausreicht, ist das Rubikon-Modell, das auf der Geschichte des großen Herrschers Cäsar beruht.

Im Jahre 49 vor Christus wollten der damalige Konsul Roms Pompeius und der römische Senat Caesar entmachten und sie forderten ihn auf, sein Heer aufzulösen, was Caesar natürlich missfiel. Im Gegenteil: er entschloss sich, mit seinen Truppen von Gallien aus nach Italien einzumarschieren. Mit diesem Feldzug wollte er die Macht erneut erlangen. Sein Heer machte sich auf den Weg, bis es an das Ufer des Flusses Rubikon kam. Dieser Fluss trennte damals das italienische Kernland und die Provinz Gallia Cisalpina. Caesar war bewusst, würde er diesen Fluss überqueren, würde er offiziell als Angreifer gelten und Pompeius würde mit Gegenwehr antworten müssen.

Er saß also am Ufer des Rubikon und überlegte. Er wägte ab, ob er es wagen sollte oder nicht, stellte die Vor- und Nachteile gegenüber, musste sich vergewissern, wer zu ihm hielt und wer nicht. Und ob er seine etwa 5000 Legionäre in den Kampf ziehen lassen wollte oder nicht. Denn er wusste, sobald der Fluss überquert war, gab es kein Zurück mehr.

Am 10. Januar entschied sich Caesar mit den berühmten Worten „Alea iacta est" für die Überquerung des Grenzflusses. Die Würfel waren gefallen und obwohl Pompeius sicher war, den Kampf gegen Caesar zu gewinnen, musste er sich geschlagen geben. Innerhalb kürzester Zeit marschierte dieser mit seiner Legion durch Norditalien, um schließlich Rom einzunehmen. Er verfolgte Pompeius bis nach Griechenland, um ihn in einem erfolgreichen Feldzug zu besiegen und ab August 48 vor Christus als Alleinherrscher über das römische Reich zu wachen.

Der Schritt über den Rubikon gilt seither als der entscheidende Schritt für die Alleinherrschaft Caesars, der sich damals sozusagen am „Point of no return" befand. Dem Punkt, an dem es kein Zurück mehr gibt.

Wenn wir also ein Ziel vor Augen haben, oder uns einfach nur fragen, ob wir etwas tun sollen oder nicht, dann hilft uns Motivation natürlich unheimlich weiter. Wir befinden uns an diesem Punkt bildlich gesehen noch vor dem Rubikon. Wir wägen ab, ob wir sollen oder nicht, was dafür spricht, was dagegen. Wir motivieren uns, informieren uns und natürlich helfen uns die Motivationsredner oder gutes Zureden von Freunden und Familien an dieser Stelle weiter.

Sobald wir uns aber dafür entschieden haben, den Schritt zu wagen, brauchen wir mehr als nur Motivation. Ab jetzt benötigen wir die Volition – wir beginnen zu planen, wie die konkreten nächsten Schritte auszusehen haben. Um anschließend tatsächlich auch ins Handeln zu kommen. Jetzt führen wir die Schritte und Maßnahmen durch, die uns zum Ziel führen werden. Sollten wir an diesem Punkt einmal ins Zweifeln kommen müssen wir uns nicht länger motivieren, denn wir wissen jetzt ja, was zu tun ist, wir müssen es nur noch machen!

Wenn diese drei Phasen hinter uns liegen, darf uns die Motivation noch einmal helfen. In der letzten Phase des Rubikon-Modells bewerten wir. Wir prüfen und hinterfragen, ob wir das Ziel nun erreicht haben, was wir das nächste Mal besser machen könnten oder gegebenenfalls ändern.

Ich möchte Ihnen dies an einem einfachen Beispiel nochmals erläutern:

Stellen Sie sich vor, Ihr Wunsch ist es, mehr Sport zu treiben und dadurch abzunehmen.

Phase 1: Motivation
(prädezisional, also VOR Ihrer Entscheidung):
Sie wägen ab, ob Sie tatsächlich ab jetzt jeden Tag Joggen gehen wollen. Was ist, wenn es regnet? Sie wollen unbedingt abnehmen und ein Paar Laufschuhe haben Sie auch noch! Und vor zehn Jahren waren Sie schon einmal erfolgreich morgens laufen. Also entscheiden Sie sich nach reiflichem Überlegen, das Joggen wieder in Angriff zu nehmen. Mit dieser Entscheidung überqueren Sie Ihren persönlichen Rubikon.

Phase 2: Volition
(präaktional, also VOR dem eigentlichen Tun)

Sie beginnen zu planen: habe ich die richtige Kleidung, oder muss ich noch einkaufen gehen? Wann ist der beste Zeitpunkt, um Laufen zu gehen? Joggen Sie alleine oder mit einem Kollegen? Lassen Sie sich zur Sicherheit gründlich von Ihrem Arzt durchchecken oder wollen Sie einen Personal Trainer mit ins Boot holen? Sie erstellen einen konkreten Trainingsplan. Motivieren müssen Sie sich an dieser Stelle nicht mehr, denn Ihre Entscheidung steht ja bereits fest.

Phase 3: Volition
(aktional – das eigentliche Umsetzen)

Jetzt wird getan! Es ist morgens, die Sportkleidung liegt bereit und Sie laufen los. Jeden Tag, egal welches Wetter Sie haben. Sie halten sich an Ihren Plan und machen einfach. Auch hier benötigen Sie grundlegend keine Motivationshilfen mehr, denn jetzt geht es nur noch ums Handeln und Ausführen.

Phase 4: Motivation
(postaktional – die kontinuierliche Verbesserung)

In der letzten Phase bewerten Sie, ob Sie das Handeln der dritten Phase auch wirklich zum Ziel geführt hat. Nur zwei Mal Joggen die Woche hat nicht zum gewünschten Ergebnis geführt? Vielleicht möchten Sie Ihr Pensum erhöhen? Oder die Knie machen nicht mehr mit, Sie müssen gegebenenfalls die Sportart wechseln. Das Ziel, abzunehmen, erreichen Sie auch mit Schwimmen oder Radfahren. Wenn aber alles Bisherige gepasst hat, dann belohnen Sie sich und motivieren Sie sich, um mit Ihrem Plan weiter zu machen.

Motivation ist also nicht alles. Sie können noch so motiviert sein – wenn Sie nicht ins Handeln kommen bleiben Ihre Träume Wünsche.

Nutzen Sie das Rubikon-Modell, um ins Handeln zu kommen!

Praxis-Tipps, die Sie beginnen lassen

Es gibt einige hilfreiche Werkzeuge, die Ihnen dabei helfen können, überhaupt erst anzufangen.

Glauben

An erster Stelle steht der gute alte Glaube. Dieser versetzt bekanntlich Berge. Wenn Sie nicht an das glauben, was Sie erreichen wollen, dann wird es schwierig. Sie müssen an sich und an Ihr Ziel glauben können. Wenn Sie glauben, dass Sie es schaffen, dann haben Sie die beste Voraussetzung geschaffen, Ihr Ziel auch zu erreichen!

Glauben Sie zuallererst an sich selbst – denn wenn Sie nicht an sich glauben, wie wollen Sie dann anderen Menschen vermitteln, dass diese an Sie glauben sollen? Besonders im Beruf ist dieser Glaube wichtig. Wenn Sie im Vertrieb tätig sind und Kunden von Ihren Produkten oder Ihrer Dienstleistung überzeugen wollen, dann müssen Sie zuallererst an sich glauben. Und zwar bedingungslos.

Seien Sie sich bewusst, was Ihr Ziel, Ihre Mission ist – und warum Sie daran glauben. Sie sollten brennen für das, was Sie erreichen wollen, ansonsten wird es nur eine halbherzig ausgeführte Tätigkeit werden.

Es geht nun nicht darum, dass Sie dafür brennen, Ihren wöchentlichen Wohnungsputz zu erledigen. Allerdings sollten Sie diesen mit Freude und Wohlwollen erledigen, wenn Ihr Wunsch ist, in einer schön eingerichteten, sauberen Wohnung zu leben. Falls das Ihr Ziel ist, Sie aber dennoch überhaupt kein Gespür dafür haben, können Sie sich immer noch für eine Putzhilfe entscheiden! Wenn Sie allerdings nicht selbst daran glauben, dass Sie jemals in einer schönen Wohnung wohnen werden, dann wird es schwer für Sie, die notwendigen Schritte und Aktionen zu erkennen, die dafür nun einmal notwendig sind.

Glauben Sie an Ihre Ziele und an sich und der erste Schritt ist getan!

Die Kraft der Visualisierung

Es ist wichtig zu verstehen, dass unser Gehirn Meister desr Selbsttäuschung ist. Das Gehirn weiß nicht immer, ob Sie sich etwas nur einreden, oder ob die Situation real ist. Ich möchte Ihnen das anhand einer simplen Übung erklären. Wenn Sie diese Übung bereits einmal in Ihrem Leben mitgemacht haben, so können Sie diese ebenfalls einfach nochmals zur Auffrischung machen, im wahrsten Sinne des Wortes. Sie können den Text entweder gern kurz einmal durchlesen, um dann die Übung mit geschlossenen Augen in aller Konzentration durchzuführen, oder sie mit offenen Augen ausprobieren, dann dürfen Sie sich wirklich nicht ablenken lassen.

Die Übung ist einfach und funktioniert wie folgt:

Halten Sie Ihre Hand vor sich und stellen Sie sich vor, eine Zitrone wird hineingelegt. Schauen Sie Ihre Hand ruhig an, und krümmen Sie die Finger um die imaginäre Zitrone. Stellen Sie sich vor, wie sich die Zitrone anfühlen würde, wie Sie die leicht gepunktete Maserung der Schale ertasten können, vielleicht ist die Oberfläche auch ein wenig rau. Testen sie, ob die Zitrone hart ist, oder bereits etwas reifer und auf Druck leicht nachgibt. Führen Sie die Hand zur Nase und versuchen Sie sich, den Duft vorzustellen, reiben Sie ein wenig an der Schale, damit der Duft intensiver wird. Und jetzt öffnen Sie den Mund und beißen voller Kraft in diese Zitrone, als ob Sie in einen Apfel beißen.

Beobachten Sie: was passiert mit Ihnen, wie reagieren Sie? Höchstwahrscheinlich zieht sich Ihr Mund zusammen, Sie schneiden eine Grimasse und müssen sich schütteln. Ihr Mund produziert auf einmal viel Speichel und Sie müssen kräftig schlucken.

Diese Übung funktioniert auch nach vielen Malen noch. Je intensiver Sie sich diese Zitrone vorstellen, umso erstaunlicher und realistischer ist die Wirkung.

Die wichtige Erkenntnis daraus ist allerdings: es ist alles nur ein Spiel Ihrer Gedanken! Unser Gehirn unterscheidet in dem Fall nicht, ob die Zitrone wirklich in Ihrer Hand liegt und Sie hineinbeißen – oder ob Sie sich das Ganze nur vorgestellt haben.

Dieser Zusammenhang ist äußerst wichtig, wenn es um die innere Einstellung geht. Wenn Sie hauptsächlich negativ ausgerichtete Gedanken haben, dann wird Ihr Gehirn nicht mehr wissen, dass dies nur Befürchtungen oder Gedanken sind, sondern sie für die Realität halten.

DAS ist der einzige Grund, warum Ihnen von Beratern jeglicher Couleur empfohlen wird, positiv zu denken. Denn umgekehrt funktioniert dieses Denken ebenso. Dazu habe ich eine weitere Übung für Sie, die in eine etwas andere Richtung geht:

stellen Sie sich Ihren Traum bildlich vor. Und zwar richtig. Nutzen Sie dazu alle Sinne. Nehmen wir dafür das Beispiel von vorhin, Sie wollen joggen gehen. Vielleicht wollen Sie sogar irgendwann einen Marathon laufen?

Lassen Sie sich bereits ganz am Anfang, noch vor dem eigentlichen Beginnen, darauf ein und malen Sie sich aus, wie es sein wird, diesen Traum erreicht zu haben. Wie Sie durch die Ziellinie laufen. Welche Kleidung Sie dabei tragen. Und stellen Sie sich so viele Details wie möglich vor.

Und dann drehen Sie die Zeit immer weiter zurück bis zu dem Punkt, an dem Sie heute sind.

Auf diese Weise erfahren Sie sehr deutlich, was Sie alles tun müssen, um Ihr Ziel zu erreichen. Und psychologisch gesehen spielen Sie ein wenig mit Ihrem Gehirn. Denn unser Gehirn ist wie bereits erwähnt, nicht immer fähig, zwischen Fakt und Fiktion zu unterscheiden. Neben der Zitrone gibt es folgendes Beispiel: wenn Sie sich eine Minute lang lächelnd vor den Spiegel stellen – egal wie es Ihnen gerade geht – dann macht diese Körperbewegung etwas mit Ihnen, Ihr Gehirn denkt unweigerlich, es gibt einen Grund zur Freude und Sie werden sich augenblicklich positiver fühlen! Genauso ist es, wenn Sie sich in allen Details Ihr Wunschziel vorstellen. Sie riechen die Waldluft beim Gedanken an das Joggen. Sie spüren den Boden unter den Füßen, Sie hören die Vögel und das Geraschel im Unterholz. Auch wenn Sie sich dies ruhig auf dem Sofa sitzend vorstellen, werden Ihr Körper und Hirn reagieren. Sie werden sich freuen, positive Energie spüren und das Hochgefühl erfahren, als ob Sie bereits Joggen gewesen wären.

Am besten ist es also, wenn Sie das Visualisieren bewusst in Ihren Tagesablauf einbauen. Sie benötigen nicht viel Zeit dazu, wenige Minuten am Tag reichen aus. So könnten Sie sich zum Beispiel gleich morgens, beim Trinken der ersten Tasse Kaffee, bevor Sie ins Badezimmer verschwinden oder vor dem Weg zur Arbeit 10 Minuten Zeit nehmen, einen ruhigen Ort suchen, die Augen schließen und sich Ihr eigentliches Ziel vor Augen führen. Das funktioniert auch wunderbar zur Einstimmung des Tages. In stressigen Zeiten stellen Sie sich vor, wie Sie genug Kraft haben werden, die Hürden des Alltags zu meistern. Wie Sie trotz Allem abends genug Energie übrighaben, um sich ein gesundes Abendessen zuzubereiten und wie Sie den Tag ausklingen lassen werden. Gehen Sie im Geiste die positiven Aspekte durch und konzentrieren Sie sich auf kleine Pausen und schöne Aufgaben, die Sie an diesem Tag erwarten werden. Sie werden sehen: ab sofort werden sich die Tage leichter und angenehmer anfühlen!

Wenn Sie sich auf diese Weise Ihre Ziele vor Augen führen, immer und immer wieder, werden Sie auch kleine Details bemerken, die Sie bewusst und unbewusst die Aktionen durchführen lassen, die notwendig sind, um die Ziele schlussendlich auch tatsächlich zu erreichen.

Ein weiteres kleines Beispiel zum Schluss:
Sie malen sich aus, wie Sie in einem Jahr beim Marathon über die Ziellinie laufen. Spüren Sie in die Freude und die Entspannung hinein, die Sie erleben werden. Und dann drehen Sie die Zeit im Geiste zurück. Stellen Sie sich vor, wie Sie jeden Tag trainiert haben, wie Sie laufen gegangen sind, obwohl es geregnet hatte. Wie Sie schwache Momente ausgehalten haben und nicht aufgehört haben. Wenn Sie nun im tatsächlichen Leben an einem Punkt angelangt sind, an dem es tatsächlich regnet und Sie überhaupt keine Motivation verspüren loszulaufen wird Ihnen allein der Gedanke der Visualisierung dabei helfen, die Schuhe doch noch in die Hand zu nehmen und Ihren eigentlichen Wunsch umzusetzen. Was Ihnen wiederum dabei helfen wird, Ihr Ziel auch tatsächlich zu erreichen.

Ein guter Plan ist das A und O

So, wie beim Autofahren das vorausschauende Fahren lebensrettend sein kann, ist eine gute Planung im Leben zwar nicht alles, kann Ihnen aber eine Menge Stress und Ärger ersparen.

Wenn wir uns an das Rubikon-Modell erinnern ist die Planung der erste Schritt der Volition. Wir haben uns entschlossen, etwas zu tun, sind motiviert und wollen nun loslegen. Damit Sie nicht blind losrennen, benötigen Sie einen Plan. Sonst wird es generell schwierig, die Ziele zu erreichen.

Am besten notieren Sie so viele Kennzahlen wie nur möglich. Auch Aktionen, die nötig sind oder Schritte, ganz gleich, wie Sie es nennen. Das ist im Nachhinein auch wichtig für das Bewerten, den letzten Schritt im oben genannten Modell. Wenn Sie sich beispielsweise nur vornehmen „ich gehe ab Montag joggen" ist dies zu undefiniert. Wenn Sie am Sonntag die Woche

Revuepassieren lassen – wann haben Sie dann Ihr Ziel erreicht? Wenn Sie ein Mal Joggen waren? Drei Mal? Jeden Tag?

Planen Sie: „Wenn ich einen Marathon laufen möchte, bedeutet das, ich muss im ersten Monat drei Mal die Woche Laufen gehen. Ich gehe also ab jetzt am Montag, Mittwoch und Freitag von 6.30 bis 7.30 Uhr Laufen. Und am Sonntagmorgen sogar zwei Stunden.". Mit dieser Planung können Sie am Sonntag viel besser erkennen, ob Sie Ihrem Ziel nähergekommen sind. Und wenn Sie ein Motivationstief haben und freitags nicht aufstehen wollen können Sie sich viel leichter motivieren, indem Sie sich sagen: „Ich weiß, wenn ich den Marathon in einem halben Jahr schaffen möchte, dann muss ich vier Mal die Woche laufen und dazu gehört auch heute!". Auf diese Weise wird Ihre Zielerreichung messbarer und kalkulierbarer.

Konkret bedeutet dies: Notieren Sie zuerst möglichst detailliert Ihr Ziel. Anschließend schreiben Sie am besten in Form einer Tabelle die Schritte auf, die Sie benötigen werden, um das Ziel zu erreichen. Notieren Sie zu jedem einzelnen Punkt ein Datum oder eine Deadline, gegebenenfalls beteiligte Personen und vor allem: was getan werden muss.

Anschließend haben Sie mehrere Möglichkeiten für die Kontrolle, ob die Dinge auch so laufen, wie Sie es gern hätten: Sie können täglich ein Erfolgsjournal schreiben, in dem Sie notieren, was Sie auf dem Weg zu Ihrem Ziel heute erreicht haben. Was Sie verbessern könnten, wie es Ihnen dabei ging.

Sie können die Punkte auch in Ihre Affirmationen aufnehmen und sich diese täglich aufsagen. Sprechen Sie laut zu sich: „Um mein Ziel zu erreichen werde ich: Erstens, Zweitens, Drittens…".

Gerade in der Anfangsphase eines Projektes, so lange manche Handlungen noch nicht zur Routine geworden sind, ist dies wichtig, das heißt, so lange Sie noch in der Phase des Beginnens sind. Später müssen Sie sich nicht mehr motivieren oder vorsprechen, dass Sie wöchentlich vier Mal Laufen gehen müssen, um am Ende den Marathon zu schaffen – nach zwei Monaten werden sich diese Affirmationen und To Dos ändern, denn dann gehen Sie bereits regelmäßig Laufen und aus der Routine hat sich eine Gewohnheit entwickelt. Dazu später in diesem Buch jedoch mehr.

Bei der Umsetzung helfen hier außerdem die klassischen Werkzeuge wie Kalender und To-Do-Listen.

Für die gute Organisation zu Hause, aber auch im Job, kann das KANBAN-Board aus dem Lean Management eine gute Hilfe sein. Dieses Brett zeigt übersichtlich, gleich einem Wochenplan, auf, wie Sie wiederkehrende, aber auch einmalige Aufgaben erledigen und verwalten können. KANBAN bedeutet im japanischen Sprachgebrauch so viel wie „Schild" oder „Zeichen". In Firmen und Produktionen finden Sie oft sogenannte KANBAN-Boards, große Tafeln oder Wände, an denen mit zahlreichen farblichen Symbolen und Markern Prozesse, Planungsschritte und sonstige Themen abgebildet werden. Zu Hause haben Sie mit einem KANBAN-Brett die Möglichkeit, einen Überblick über die einzelnen Tätigkeiten und Termine zu erhalten.

In einer Familie oder Wohngemeinschaft ist ein wesentlicher Aspekt ebenso, dass Sie die Verantwortlichkeit für die Planung der einzelnen Verpflichtungen nicht mehr an eine Person übertragen (müssen), sondern alle Involvierten an der Planung beteiligt sind. Außerdem erhalten Sie einen Überblick über die (besonders zeitlichen) Engpässe und Flaschenhälse in den Prozessen.

Mit der Visualisierung all Ihrer Bedürfnisse, Aktionen und Terminen weiß jeder, was eigentlich gerade im Leben der anderen los ist. Wenn Sie mehr als eine Person im Haushalt sind, aber auch allein richten Sie sich einen fixen Termin pro Woche ein, ca. 15 Minuten, um dort das Wichtigste zu besprechen und die Daten entsprechend zu aktualisieren. Meistens eignet sich der Sonntagabend dazu.

Alle Termine können hier notiert werden. Feiertage, Events, politische Ereignisse – was auch immer für Ihre Planung wichtig ist wird hier zusammengetragen und für jedermann sichtbar festgehalten. Der Essensplan für die kommende Woche kann ebenfalls zur KANBAN-Visualisierung dazugehören. Besprechen Sie während Ihres wöchentlichen Termins, welche Wünsche es gibt, was Sie wann kochen möchten und wer dafür entsprechend wann einkaufen geht. Damit vermeiden Sie nicht nur Verschwendung, weil Sie zu viel oder unnötige Lebensmittel eingekauft haben, Sie nehmen sich zusätzlich wieder den Stress, unter der Woche, wenn keine Zeit für eine Planung ist, auf die Schnelle überlegen zu müssen, was Sie kochen müssen, das dann auch noch schmeckt.

Zu Umsetzung möchte ich Ihnen ein paar einfache Tipps mitgeben: verwenden Sie ein großes Whiteboard, eine Tafel oder einfach eine große Pinnwand. Befestigen Sie dieses Brett an einem zentralen Ort, vielleicht in der Diele oder an der Küchenwand.

Auf diesem Brett sollte ein Jahreskalender Platz finden, dazu beispielsweise noch ein detaillierter Zwei-Wochen-Plan, ein Essensplan, sowie Platz für eingegangene Belege, die bearbeitet werden müssen. Offene Rechnungen, Briefe, die beantwortet werden müssen, Geburtstagseinladungen.

Ich habe eine alte Schultafel verwenden, bei der die Seiten eingeklappt werden können. Auf der linken Seite befinden sich die Stundenpläne der Kinder und ein DIN A4-großer Jahreskalender. In der Mitte der Tafel sehr groß aufgezeichnet ein Zwei-Wochen-Aufgaben-Planer und auf der rechten Seite hängen die wichtigen Adresslisten der Kinder, sowie Rechnungen, die ich noch zu bezahlen habe oder Gutscheine für Kaufhäuser.

Für alle anderen Aufgaben haben Sie bereits im vorherigen Kapitel Ideen zur Arbeit mit To Do-Listen erhalten.

Es gibt immer wieder Menschen, die Ihnen ans Herz legen werden, doch einmal fünfe gerade sein zu lassen, nicht alles planen zu müssen und viel lieber spontan zu sein. Das sollten Sie in gewissen Zeiten auch - zum Beispiel im Urlaub. Aber meist sind es genau diese Menschen, die sich irgendwann beschweren, dass sie Aufgaben nicht erledigt kriegen oder Ziele nicht erreichen können.

Jeder ist einzigartig und wir sind alle verschieden. Deshalb ist es so wichtig, dass Sie sich selbst kennen, Ihre Wünsche, Ihre Ziele, Ihre Träume. Und niemand sollte Sie davon abhalten.

Wenn Sie spontan sein wollen, dann seien Sie das! Ich persönlich plane mir diese Phasen ein - denn dann geht es mir am besten. Das kann bedeuten, dass ich an einem Samstagmorgen aufstehe und sage: "So, dann lassen wir uns doch überraschen, was uns der Tag bringt!". An solchen Tagen gibt es keinen Leistungsdruck, keine Pläne und keine To Dos. Außer das Ziel, entspannt durch den Tag zu kommen.

Es kann auch andere Samstage geben, an denen fünf Termine auf dem Programm stehen - es ist alles eine Frage der Einstellung.

Schlussendlich ist dieser erste Teil dem Beginnen gewidmet und um überhaupt mit etwas anzufangen, kann ein guter Plan schlichtweg Gold wert sein. Denn woher wollen Sie denn wissen, ob sich das Beginnen überhaupt lohnt, wenn Sie nur die halbe Strecke vor Augen haben? Auch die Gefahr zu scheitern minimieren Sie mit einem guten Plan ohne Frage.

Für den Anfang und das Beginnen ist eine gute Planung Gold wert.

Gehen Sie an die Öffentlichkeit!

Es ist immer von Vorteil, wenn man sich Unterstützung sucht, um seine Ziele zu erreichen. Natürlich gibt es die ungeschriebene goldene Regel: du sollst nicht über diese drei Dinge sprechen: dein Einkommen, dein Liebesleben und deinen nächsten Schritt. Trotzdem ist ein gewisses Maß an Verbindlichkeit oft der letzte Schubs, den wir brauchen, um wirklich mit etwas anzufangen. Das ist im Übrigen einer der Gründe, warum Personal Trainer jeglicher Couleur Hochkonjunktur haben. Weil wir wissen, dass es gemeinsam einfach besser geht.

Mein Tipp daher: suchen Sie sich Gleichgesinnte – oder Menschen, die bereits da sind, wo Sie noch hinwollen. Menschen, die Sie verstehen und motivieren können. Gleichzeitig werden diese Sie an Ihre Ziele erinnern, sicher auch den ein oder anderen Ratschlag haben und Sie dazu befähigen, Ihre Ziele auch wirklich zu erreichen.

Ganz wichtig dabei ist, dass Sie nicht in die Falle geraten, Ihre Disziplin nun ausgerechnet dann schleifen zu lassen, sobald Sie Ihre Wünsche oder Ziele jemandem anvertraut haben. Psychologisch gesehen kann genau das passieren – Ihr Gehirn wertet bereits das Offenlegen Ihrer Ziele als Erfolg, mit der Folge, dass Ihre Disziplin, die Sie zum eigentlichen Erreichen benötigen massiv darunter leidet. Und Sie die Ziele ebene nicht erreichen. Ein weiterer negativer Aspekt des Offenlegens ist, dass es Menschen gibt, die Sie im Anschluss demotivieren statt zu motivieren. „Das schaffst du doch eh nicht!" ist der letzte Satz, den Sie hören wollen, wenn Sie jemandem von Ihren Träumen oder Wünschen berichten.

Deshalb gilt wie bereits gesagt: suchen Sie sich nicht irgendwen als Unterstützung, sondern wirklich Gleichgesinnte. Menschen, die Sie verstehen und Ihnen Mut machen. Die sie unterstützen und dazu bewegen, überhaupt erst anzufangen! Um anzufangen brauchen Sie Motivatoren. Keine Zweifler.

Motivierende Zitate

Manchmal lassen einen bereits ein paar wenige kluge Worte beginnen. Wenn der Schwung aber doch einmal fehlt, oder Sie einfach keine Lust haben, anzufangen, finden Sie unter den folgenden Zitaten sicherlich den ein oder anderen passenden Spruch für Sie.

Hilfreich ist es, wenn Sie ein Zitat beispielsweise ausgedruckt neben Ihrem Arbeitsplatz aufhängen oder auf die erste Seite Ihres Papierkalenders schreiben.

„Wer immer tut, was er schon kann, bleibt immer das, was er schon ist."
Henry Ford

„Man muss das Unmögliche versuchen, um das Mögliche zu erreichen."
Hermann Hesse

„Es ist nicht wichtig, wie groß der erste Schritt ist, sondern in welche Richtung er geht."
unbekannt

„Ich kann Versagen akzeptieren, keiner ist perfekt. Aber was ich nicht akzeptieren kann ist, es nicht zu versuchen."
Michael Jordan

„Wenn Du willst, dass Dir eine leichte Aufgabe richtig schwer erscheint, schieb sie einfach auf."
Olin Miller

„In einem Jahr wirst Du Dir wünschen, Du hättest heute angefangen."
Karen Lamb

„Wenn es einen Glauben gibt, der Berge versetzen kann, so ist es der Glaube an die eigene Kraft."
Marie von Ebner-Eschenbach

„Zu langes Nachdenken über eine Sache macht sie oft unmöglich."
Eva Young

„Warte nicht. Der Zeitpunkt wird niemals perfekt sein."
Napoleon Hill

„Der eine wartet, dass die Zeit sich wandelt, der andere packt sie kräftig an und handelt."
Dante Alighieri

„Die Entfernung ist unwichtig. Nur der erste Schritt ist wichtig."
Marquise du Deffand

„Es gibt nur zwei Dinge die du falsch machen kannst: aufhören oder gar nicht erst anfangen!"
unbekannt

„Was immer du tun kannst oder träumst es zu können, fang damit an."
Johann Wolfgang von Goethe

„Niemand weiß, was er kann, bis er es probiert hat.“
Publilius Syrus

„Beginne mit dem Notwendigen, dann tue das Mögliche und plötzlich wirst Du das Unmögliche tun.“
Franz von Assisi

„Wie schnell sich "nicht jetzt" in "niemals" verwandelt.“
Martin Luther

„Jeder Tag ist eine neue Chance, das zu tun, was du möchtest.“
Friedrich von Schiller

„Fange zu tun an, dann hast du auch die Kraft dazu.“- *Ralph Waldo Emerson*

„Manche Berge scheinen unüberwindlich, bis wir den ersten Schritt tun.“
unbekannt

„Nicht weil es schwer ist, wagen wir es nicht, sondern weil wir es nicht wagen, ist es schwer.“
Lucius Annaeus Seneca

„Motivation bringt Dich in Gang. Gewohnheit hält Dich in Schwung.“
Jim Rohn

„Tu es oder tu es nicht. Es gibt kein Versuchen.“
Meister Yoda in Star Wars

„Der Unterschied zwischen dem, der du bist und dem, der du sein möchtest, ist das was du tust."
unbekannt

„Du musst nicht spitze sein, um anzufangen. Aber du musst anfangen, um spitze zu werden."
Zig Zagler

„Wenn du nichts veränderst, wird sich auch nichts verändern!"
Sparky Anderson

„Der Unterschied zwischen dem Unmöglichen und dem Möglichen liegt in der Entschlossenheit einer Person."
Tommy Lasorda

„Mut steht am Anfang des Handelns, Glück am Ende."
Demokrit

„Wer etwas will, findet Wege. Wer etwas nicht will, der findet Gründe."
Götz Werner

„Wenn du alles gibst, kannst du dir nichts vorwerfen."
Dirk Nowitzki

„Das größte Vergnügen im Leben besteht darin, Dinge zu tun, die man nach Meinung anderer Leute nicht fertigbringt!"
Marcel Aymé

DAS DURCHHALTEN

„Nicht das Beginnen wird belohnt,
sondern einzig und allein das Durchhalten."

Katharina von Siena

Doch nur vom Beginnen allein erreichen wir unsere Ziele nicht. Wie viele Neujahrsvorsätze haben wir in unserem Leben bereits begonnen und dann doch nicht fortgeführt? Wie viele Aufgaben haben wir uns vorgenommen, angefangen und dann nicht zu Ende gebracht? Von einem Provisorium zum Nächsten, nur, weil wir es nicht schaffen, die Aufgaben auch komplett zu erledigen.

„Better done, than perfect!" – natürlich ist es wichtig, überhaupt erst einmal ins TUN zu kommen, statt die Aufgaben ständig vor sich her zu schieben und gar nicht erst damit anzufangen! Dennoch ist uns nicht geholfen, wenn wir diese Arbeiten nicht abschließen. Wenn wir sie so halblebig auf der Strecke lassen und uns damit anfreunden, „besser angefangen, als gar nicht erledigt" falsch übersetzt als neues Mantra im Alltag zu verwenden.

Viele Menschen scheitern beim Versuch, Ihre Träume und Ziele zu erreichen, weil sie schlichtweg nicht durchhalten. Weil sie zwar hochmotiviert anfangen, dann aber irgendwann unweigerlich an den einen Punkt gelangen, bei dem der Spaß aufhört und die Motivation urplötzlich verschwunden ist. Und dann vergessen, dass sie jetzt nur noch eines weiterbringen wird: die Disziplin.

In der heutigen Zeit habe ich manchmal das Gefühl, dass von Selbstdisziplin jede Spur fehlt.

Bereits in jungen Jahren zeigt sich ein erschreckendes Abbild: ob in einer Ausbildung oder beim Studieren – viele junge Menschen brechen ihre Ausbildung innerhalb der ersten zwei Jahre ab. In der Lehre ist es das zweite, langweilige und anstrengende Jahr – im Studium das dritte Semester. Mittlerweile hat sich der Statt, zumindest hierzulande, damit arrangiert – was in meinen Augen auch völlig in Ordnung ist. So kann von den Eltern verlangt werden, die Ausbildung zu finanzieren oder zumindest finanziell zu unterstützen. Das ist die Pflicht der Eltern. Sollte ein junger Mensch allerdings merken, dass ihm die Ausbildung nicht liegt und einfach das falsche Thema gewählt wurde, so ist dies akzeptabel und nennen wir es lapidar, als „Fehlschuss" anzuerkennen. Die Eltern sind somit in der Pflicht, auch die darauffolgende zweite Ausbildung zu finanzieren. ALLERDINGS – und jetzt wird es spannend. Gibt es auch hier wieder eine nicht geringe Anzahl an jungen Erwachsenen, die auch die zweite Ausbildung als „unpassend" abbrechen. Und jetzt hat, selbst für Vater Staat, der Spaß ein Loch. Eine falsche Entscheidung – in Ordnung. Zwei Mal falsch entschieden zeugt von Unzuverlässigkeit und mangelnder Selbstdisziplin. Das wird nicht belohnt, und so dürfen sich diese Ausbildenden selbst um die Finanzierung kümmern. Die Eltern sind nun nicht mehr dazu verpflichtet, ihr Kind monetär zu unterstützen.

Konkret hat der Bundesgerichtshof BGH in seinem Beschluss vom 3. Mai 2017 – Az.: XII ZB 415/16 ausgeführt, dass der Anspruch auf diesen sogenannten „Ausbildungsunterhalt" dann ausgeschlossen sein kann, **wenn das Kind die Ausbildung nicht mit Fleiß und der gebotenen Zielstrebigkeit verfolgt** und diese nicht in angemessener und üblicher Zeit beendet.

Die Eltern haben hierbei durchaus Verzögerungen hinzunehmen, die lediglich auf ein vorübergehendes leichteres Versagen ihres Kindes zurückzuführen sind. Hat das Kind die Ausbildung allerdings weder planvoll noch zielstrebig aufgenommen und abgeschlossen, so muss es sich darauf verweisen lassen, seinen Lebensunterhalt selbst zu verdienen.

Die Unterhaltsverpflichtung der Eltern entfällt also dann, wenn das unterhaltsberechtigte Kind durch eigenes Verhalten den Fortgang seiner Ausbildung verzögert und ihm hierbei nicht nur leichtes Versagen vorzuwerfen ist.

Was erst geschieht, wenn sich herausstellt, dass der erste Ausbildungsweg der Falsche war kann man sich nur in den Grundzügen denken. Allein dieses Thema steht für mich aber leider für die Haltung einer ganzen Generation, denn wir sprechen hier nicht mehr nur von seltenen Ausnahmefällen.

Anhand dieses Beispiels wird deutlich: hält man die Durststrecke in einer Ausbildung durch, wird man belohnt: mit einem Abschluss und meist auch einem guten Job. Dazu sind aber eben wiederum Zielstrebigkeit und Fleiß gefordert.

Warum sich Durchhalten lohnt

Nicht nur in jungen Berufsjahren, auch was das Erreichen persönlicher Ziele anbelangt ist es wichtig, ab und zu durchzuhalten. Immer wieder erreichen wir im Leben Punkte, an denen wir denken, es ginge nichts mehr. Jetzt ist man am Ende angelangt. Das sind die Punkte, an denen man nicht aufgeben darf. Eine französische Weisheit besagt: „Hab Geduld, alle Dinge sind schwierig, bevor sie leicht werden.".

Es gibt so viele weitere Beispiele, wann sich das Durchhalten lohnt. Schauen wir uns das Investieren an der Börse an. Die Kurse gehen rauf und runter. Langfristige Anlagen erfordern hier Mut und wahrlich Durchhaltevermögen. Wer hier zu früh aufgibt, macht meist die größten Verluste. Natürlich bin ich kein Börsenexperte, aber es ist kein Geheimnis, dass die erfolgreichsten Vermögensverwalter nur deshalb so erfolgreich sind, weil sie auf lange Investments vertrauen und Geduld besitzen. Genauso beim Sport. Jeder Marathonläufer kennt den Moment, an dem er mitten im Lauf denkt „Das war's, jetzt geht nichts mehr!" (und selbst die, die so wie ich überhaupt nicht gerne laufen gehen können sich dieses Beispiel vor Augen führen) – und dann trotzdem weiterläuft. Die Ziellinie zwar weit vor Augen, aber im Hinterkopf. Oder beim Schreiben eines Buches, wie diesem hier. Da hat man auch nicht jeden Tag die Muße, sich vor die Tastatur zu setzen und zu schreiben. Aber „von Nichts kommt eben Nichts" und so heißt es: durchhalten! Es wird schon werden!

Gerade Menschen wie ich sind dann oft hin- und hergerissen. Und hier zeigt sich dann auch der Unterschied zwischen Geduld und Disziplin. Ich persönlich habe eine sehr hohe Selbstdisziplin und kann mich wunderbar selbst motivieren. Meine Geduld ist jedoch völlig nicht vorhanden. Einfach nicht existent. Dieses Buch hier wäre in meinen Augen am liebsten gestern fertig geworden. Geduld? Als der liebe Herrgott die verteilt hat bin ich gegangen, es hat mir zu lange gedauert…

Was ich damit sagen will: ich meine nicht, dass Sie einfach nur passiv geduldig sein sollen. Ich meine, dass Sie durchhalten können müssen. Ich gehe sogar so weit zu behaupten, dass Geduld manchmal hinderlich sein kann, wenn man Ziele erreichen will! Denn es gibt so viele Menschen, die sich sagen „Hach ja… wird schon werden… nur Geduld." – und dann geduldig WARTEN, anstatt etwas zu TUN. Um Ziele zu erreichen, muss ich aber etwas tun, ich muss dranbleiben, darf nicht lockerlassen und darf nicht nur zuschauen. Zumindest in den meisten Fällen nicht. Auch bei den vorhin erwähnten Aktien – natürlich sitzt man manchmal da und wartet einfach nur, hier brauchen Sie eine gehörige Portion Geduld. Aber vielleicht gibt es dennoch einen Moment, an dem Sie Ihr Depot umschichten. Oder es einfach nur beobachten, *aktiv* beobachten. Darauf achten und gegebenenfalls intervenieren.

Wichtig ist doch, dass Sie ein Ziel vor Augen haben. Sie möchten irgendetwas erreichen. Ich kenne Ihre Ziele ja nun nicht persönlich, aber irgendetwas wollen Sie erreichen. Wenn man dann bei den ersten Hindernissen die Flinte ins Korn wirft – oder schlimmer noch, das Ziel streicht, dann wird man es logischerweise nicht erreichen.

Es gibt diese schöne Metapher: wenn man ein totes Pferd reitet, sollte man absteigen. Da gehe ich völlig mit, ich stimme dieser Aussage absolut zu. Nur: viele von uns machen dann den Fehler, zu behaupten, das Pferd sei ja nun tot, ich bin abgestiegen, das war's. Ende Gelände. Werde mein Ziel nicht erreichen. Wie denn? Pferd tot, Ziel unerreichbar. Auf die Idee zu kommen, dass es noch andere Pferde gibt und dieses einfach nur zu wechseln (und das am besten noch zu Lebzeiten des armen Tieres), darauf kommen die wenigsten! Mein Appel lautet daher: wenn Sie merken, dass das Pferd lahmt: wechseln Sie das Pferd, aber nicht das Ziel!

So gesehen lohnt sich Durchhalten eigentlich fast immer – trotzdem besteht nicht nur die Gefahr, sich zu verrennen. Es liegen noch einige andere Hindernisse auf dem Weg, auf die ich jetzt zu sprechen kommen möchte.

Die Gefahren beim Durchhalten

Zu lange festhalten

Das größte Problem beim Durchhalten ist: dass man zu lange durchhält. Dass man nicht erkennt, dass das oben erwähnte Pferd eigentlich am Ende seiner Kräfte ist. Wann dieser Zeitpunkt eintritt kann man nie wissen. Oder ob. Das ist ein gewisses Risiko und das gehört dazu. Dann motiviert man sich und redet sich gut zu, glaubt daran, dass am Ende doch noch alles gut werden wird – und will sich nicht eingestehen, dass es eigentlich **nicht** mehr weitergehen wird.

Ganz oft passiert uns das in zwischenmenschlichen Beziehungen. Man spürt, dass die Beziehung, die man führt, nicht gut ist, die Ehe nicht so läuft, wie man sich das vorgestellt hat, aber dennoch hält man fest und spricht sich selbst gut zu. Dass man die Kurve noch kriegen wird, dass es bestimmt nur eine Phase ist. Man will sich die Blöße nicht geben, dass es möglicherweise eben doch zu Ende ist. Und dann versucht man irgendwie zu retten, was noch zu retten geht. Man tritt in Aktion und tut und macht und versucht, das Übel – nämlich das eigentliche Ende – auf Teufel komm raus zu verhindern. Dabei ist es doch so einfach: wir haben oft schlichtweg Angst, zu scheitern. Wir wollen nicht verlieren, wir wollen nicht versagt haben. Statt sich einzugestehen, dass etwas vorbei ist. Wir wollen nicht wahrhaben, dass das Pferd nicht mehr aufstehen wird. Sondern am Boden liegt, so wie wir an diesem Zeitpunkt. Und dann hält man durch- und fest. Obwohl der Moment, an dem wir hätten gehen sollen vorbei ist. Und Sie glauben nicht, wie viele Menschen sich das nicht eingestehen wollen und sich dann selbst die Situation schönreden. Immer und immer und immer wieder. Weil diese pure Versagensangst immer stärker wird. Irgendwann kommt dann noch das Gefühl dazu, dass man WEISS, dass das Pferd tot ist. Sie spüren es, sie wissen es mit ganzer Seele! Das komplette Schlamassel offenbart sich meist in einem riesen innerlichen Paukenschlag und sie wissen: das eigentliche Ziel werden sie so nicht mehr erreichen. Es ist vorbei.

An diesem Punkt angelangt haben wir nur noch zwei Varianten: wir leben damit oder wir ändern etwas.

Faulheit, etwas zu ändern

Und damit kommen wir ungeschminkt zum zweiten Grund, warum wir oft zu lange durchhalten: weil wir zu faul sind, etwas ändern zu wollen. Ich formuliere es so drastisch, weil es meistens so ist. Ganz gleich, ob man Angst vor Veränderungen hat, oder einfach nur zu bequem ist: etwas zu ändern kostet Kraft. Und manchmal kommt man an einen Punkt im Leben, an dem man eben, wie oben beschrieben, etwas ändern muss. Nur ist das manchen zu viel. Und wie sagt man so schön: dann nistet man sich ein, in der berühmten Opferrolle. Da ist es ja so schön kuschelig und warm. Da kennt man sich aus. Lieber das bekannte Elend ertragen, als ins Unbekannte zu gehen. Man redet sich die Situation schön. Um bei den zwischenmenschlichen Beziehungen zu bleiben: wie viele von uns harren in einer unglücklichen Beziehung aus, obwohl sie wissen, dass das nicht die Beziehung ist, die sie führen wollen – sich zu trauen und zu gehen, die Beziehung zu beenden, das wäre aber richtige Arbeit am eigenen Selbst. Vielleicht sind Kinder mit im Spiel, die dürfen ja nicht vergessen werden. Und die Scheidungsrate ist ohnehin schon so hoch, da will man nicht auch noch verantwortlich dafür sein! Also igelt man sich ein, man kuschelt sich in sein Elend und hält durch. Man ändert lieber nichts und arrangiert sich mit diesem Zustand.

Ob in Beziehungen oder im Leben selbst: die Mittelmäßigkeit hat längst Einzug in allen Bereichen unseres Lebens gehalten. Wie viele arrangieren sich in schlecht bezahlten Jobs, nur weil es zu anstrengend wäre, sich einen besseren Arbeitgeber zu suchen? Wie viele verzichten auf ihre Träume, ihre Wünsche und Ziele und begnügen sich mit einem mittelmäßigen Leben – weil sie zu faul sind, etwas zu ändern!? Und wie viele halten durch und reden sich das Ganze schön! Nicht wenige von uns werden dann erst richtig „typisch Deutsch". Als Land mit dem stärksten Neid-Empfinden kein Wunder. Wer ständig in seiner Mittelmäßigkeit verharrt wird unweigerlich neidisch auf das Glück des Nachbarn.

In einem meiner ersten Bücher, „Lean Management für Familien", schrieb ich bereits ein Kapitel über Routinen und Gewohnheiten. Das Thema Routinen zieht sich wie ein roter Faden durch unser Leben. Routinen sind so unheimlich wichtig, um Dinge zu erreichen, denn nur wenn wir Routinen zu Gewohnheiten machen, dann erreichen wir die wirklich großen Ziele, die wir uns vorgenommen haben. Und das braucht Zeit. Gleichzeitig besteht hier der größte Bedarf etwas zu ändern und weil wir Menschen eben nun einmal Gewohnheitstiere sind, ändern wir unsere geliebten Alltagsroutinen so ungern. Wie bereits oben geschrieben: manchmal (oder sogar meistens) sind wir schlichtweg zu faul, etwas zu ändern oder haben, anders formuliert: keine Lust. Zu den Routinen und Gewohnheiten kommen wir im nächsten Kapitel zurück, wenn es darum geht, das Durchhalten zu lernen – denn diese sind (Achtung, Spoileralarm) schlussendlich der Schlüssel zum Glück.

Die große Gefahr des Burnouts

Das Durchhalten kann, wie bereits im vorherigen Kapitel erwähnt, auch dazu führen, dass wir zu lange an etwas festhalten. Aufgrund des gesellschaftlich hohen Bedarfs möchte ich an dieser Stelle dem Thema Burnout ein eigenes Kapitel widmen, denn das ist in anderen Worten: die Königsdisziplin des zu lange-Durchhaltens.

Noch einmal zur Erinnerung: ich bin keine ausgebildete Psychologin oder Therapeutin, auch kein systemischer Coach oder Ähnliches. Ich bin studierte Diplom-Bibliothekarin mit zwei Kindern, zwei geschiedenen Ehen und bin das Älteste von vier Kindern in einer patriarchischen Familie. Auf meinem Lebensweg habe ich viel zu spät eine Psychotherapie begonnen, weil ich selbst viel zu lange durchgehalten hatte. Ich dachte, das müsse so sein und „regelt sich irgendwann von allein". Dem war nicht so. Und natürlich hatte ich Angst und Zweifel und fühlte mich nicht gut genug (was letztendlich in einer Therapie ein Kernthema ist), aber ich wusste: du hast zu lange durchgehalten. Wenn du jetzt weitermachst, dann war's das. Und dann ist wirklich niemandem mehr geholfen. Auch dir nicht. Und die Erkenntnis, dass niemand kommt, der einen „retten" wird, traf mich doch unerwartet hart, aber sie war realistisch und richtig. Und ab da besserte sich der Weg und alles andere.

Deshalb möchte ich eindringlich darauf hinweisen:

Wenn Sie zu lange durchhalten kann das auch furchtbar nach Hinten losgehen. Das ist dann der Fall, wenn Sie durchhalten, obwohl Sie nicht können und vor allem: obwohl Sie sich meistens bewusst sind, dass Sie gerade das Falsche tun. Wenn Sie eine Vision haben, ein Ziel und Sie arbeiten und arbeiten – allerdings nicht auf Ihr Ziel hin, sondern an irgendwelchen anderen Dingen. Oder Sie wissen nicht einmal, was Ihr Ziel ist! Dann wird es gefährlich. Selbst harte Arbeitswochen, Monate oder Jahre können Sie (gut) überstehen, wenn Sie wissen, WARUM Sie das alles tun, wofür. Wenn Sie aber gegen Ihre eigenen

Interessen arbeiten, wird es schwierig. Und verstehen Sie mich nicht falsch – der Utopie, dass nur im Managementbereich arbeitende Männer Burnout gefährdet sind, müssen wir hier nicht einmal ansatzweise Gehör schenken. Das mag früher so gewesen sein, dass der Druck auf der geldverdienenden Männerwelt gelastet ist. Dass sie 16 Stunden am Tag arbeiten mussten, um die Familie zu ernähren, während sich die Mutter um die Kinder kümmerte. Es ist auch heute noch nicht zu unterschätzen, wenn sich eine Familie für dieses Lebensmodel entscheidet, welch enormer Druck dann auf dem Elternteil liegt, der für die finanzielle Sicherung verantwortlich ist.

Aus ganz persönlichem eigenem Anlass möchte ich daher ein für mich sehr passendes Zitat anbringen, dass ich auf einem der zahlreichen Instagram-Kanäle (momsbehavingbadly) gelesen hatte:

„There is an entire generation of women who are drowning because they were raised with traditional gender roles while being empowered to be independent. These women still take the majority of house duties while simultaneously killing it in the workplace. They're tired."

Wir sind also auf der einen Seite müde und erschöpft, auf der anderen Seite bekommen wir von allen möglichen Motivationstrainern und Speakern gepredigt: „Nur nicht aufgeben!".

Egal ob Mann, Frau, Divers, Single, Verheiratet, mit Kindern oder ohne: wenn wir gegen unsere eigenen Ambitionen, unsere eigenen Werte und Wünsche, Ziele und entgegen unserer Vorstellung einer perfekten Zukunft arbeiten, leben und uns unter Druck setzen lassen – dann ist Durchhalten der denkbar schnellste Weg in den Burnout. Wir sind am Ende buchstäblich ausgebrannt, wollen nicht mehr und vor allem: können auch nicht mehr. Und dann kommen sie, die guten Ratschläge: „Warum hast du denn nichts gesagt?" und „Warum hast du das so lange mit dir machen lassen?". Bei dieser letzten Kernfrage ist existenziell wichtig zu verstehen, dass man kaum etwas „mit sich machen lässt", sondern die Verantwortung grundsätzlich bei uns selbst liegt. Ob wir mit etwas Beginnen, ob wir Durchhalten und ob wir schlussendlich unsere Ziele erreichen liegt einzig und allein in unserer Verantwortung. Und manchmal, wenn wir merken, dass die Ziele unerreichbar sind, dann dürfen wir uns auch überlegen, ob wir vielleicht, möglicherweise doch den falschen Zielen hinterherrennen. Dann dürfen diese angepasst und erneuert werden. Zumal sich Ziele und Befindlichkeiten im Leben ohnehin ständig ändern, so wie wir uns auch stetig (weiter)entwickeln.

Damit schließt sich nun der Kreis zu den ersten Worten dieses zweiten Buchteils: Sie müssen etwas tun, wenn Sie etwas ändern wollen. Und wenn Sie etwas ändern wollen, dann reicht es eben nicht nur, anzufangen. Dann dürfen und müssen Sie durchhalten. Sie sind depressiv und befinden sich in einer Therapie – es wird aber nicht besser? Dann brechen Sie die Therapie nicht ab, sondern halten Sie durch! Rückschläge gehören dazu! Sie sind unzufrieden mit Ihrem Job, haben aber auf die letzten 3 Bewerbungen nur Absagen erhalten? Halten Sie durch und bewerben Sie sich weiter! Ihre Kinder machen Ihnen das Leben schwer und Sie sind als Eltern überfordert? Suchen Sie sich Unterstützung und halten Sie durch, die Kinder brauchen Sie und werden selbst älter. Zeigen Sie sich selbst, dass Sie das können, haben Sie den Glauben an sich und Ihre große Vision und setzen Sie das um, was Sie dazu benötigen, um diese zu erreichen!

Im folgenden Kapitel erhalten Sie einige hilfreiche Tipps, die Ihnen dabei helfen können, das Durchhalten zu lernen.

Durchhalten kann man lernen

Manche haben weniger Probleme mit dem Durchhalten, sondern fangen gar nicht erst an. Glücklich, wenn Sie dazu gehören, dann konnte Ihnen der erste Teil des Buches, der vom „Beginnen" handelt sicherlich weiterhelfen.

Viele von uns haben aber das Problem, dass Sie zwar etwas angefangen haben, es dann aber am Durchhaltevermögen scheitert. Die gute Nachricht ist: durchhalten kann man lernen. Die folgenden Methoden finde ich persönlich sehr geeignet. Es gibt sicherlich auch noch zahlreiche andere Werkzeuge – sollte Ihnen etwas anderes geholfen haben, das hier nicht aufgeführt ist, so schreiben Sie mir doch gern Ihre Tipps & Tricks direkt per E-Mail an die info@frauordnung.de. Ich freue mich immer über Ihre Zuschriften!

Jetzt aber zu den eigentlichen Tools:

Routinen und Gewohnheiten

Das absolut sicherste Hilfsmittel, um etwas durchzuhalten sind Gewohnheiten. Gewohnheiten sind Aktionen oder Tätigkeiten, die wir automatisch ausführen, die wir eben einfach gewohnt sind. Wir denken nicht lange darüber nach, sondern machen einfach. Gewohnheiten sind daher Routinen, die sich etabliert haben und die wir erfolgreich in unseren Alltag einbauen konnten. Routinen und Rituale sind daher existentiell wichtig, wenn Sie durchhalten und etwas verändern wollen. Sie geben uns Struktur, Halt und Sicherheit geben. Kritiker betonen hingegen gerne, dass uns Routinen den Spaß am Leben nehmen. Dass die Spontanität fehle. Dass der Hang zum Perfektionismus damit nur geschürt werde. Das ist an dieser Stelle keineswegs gemeint. Seien Sie mit wachem Verstand dabei und orientieren Sie sich bei der Entwicklung von eigenen Routinen außerdem an den Zielen und Ihrer Vision. Dann helfen Ihnen Routinen und Gewohnheiten, Ihre Werte zu leben und Glaubenssätze zum Positiven zu verändern.

Jetzt ist es wichtig, den Unterschied zwischen beiden zu kennen: Routinen sind Abläufe und Prozesse, die wir ganz bewusst ausführen, um etwas zu erreichen. Wir müssen uns also daran erinnern und manchmal auch dazu motivieren. Gewohnheiten gehen ein Stück weiter. Das sind Routinen, an die wir uns nicht mehr täglich erinnern müssen, sondern Abläufe, die wir einfach so „automatisch" erledigen. Allgemein gilt zu sagen, dass das Annehmen und Einführen neuer Routinen statistisch gesehen durchschnittlich 66 Tage benötigt. Das heißt, wenn Sie eine neue Routine übernehmen möchten geben Sie nicht nach 14 Tagen auf, Sie müssen knappe zwei Monate mit der Routine arbeiten, bis sich Körper und Geist daran gewöhnt haben und aus der anfänglichen Hürde eine automatische Gewohnheit geworden ist.

Wenn Sie beispielsweise planen, Ihre Ernährung umzustellen. Weniger Fleisch, mehr Gemüse, viel trinken. Sportler oder andere gesund lebende erfolgreiche Menschen müssen sich nicht täglich dazu zwingen, 3 Liter Wasser zu trinken. Sie tun dies einfach. Oder auf Chips zu verzichten. Sie essen einfach keine, ohne dass ihnen etwas fehlt. Wenn Sie zwei Monate lang jeden Tag darauf achten, alle 60 Minuten ein Glas Wasser zu trinken mag dies anfangs noch eine Überwindung sein und nur mit Wecker funktionieren, nach 66 Tagen jedoch werden Sie sich ganz automatisch die Wasserflasche morgens auf den Schreibtisch stellen und diese bis zum Mittag leer getrunken haben. Und dann haben Sie es geschafft, dann ist aus der Routine Gewohnheit geworden und es ist kein extra Aufwand mehr für Sie, es wird Ihnen nicht einmal mehr bewusst sein.

Besonders wichtig wird dies dann, wenn Sie keine Lust darauf haben. Wenn Sie sich zum Beispiel vorgenommen haben ein Buch zu schreiben, wie dieses hier. Oder eine wissenschaftliche Arbeit. Oder einen Projektbericht. Ohne Routine schreiben Sie, wenn Sie Zeit und Lust haben. Oder zumindest so halbwegs Lust. Wenn Sie aber an einem Freitagmorgen aufwachen und der Tag bereits mit Terminen verplant ist, das Wochenende schon an die Tür klopft und Sie eine anstrengende Woche hinter sich haben wird es relativ schwierig, sich noch zum Schreiben aufzuraffen. Sie verschieben die Aufgabe, dann holen Sie es eben nach. Und kommen so möglicherweise kurz vor der Abgabe in den Termindruck. Eine echte Schreibblockade dürfen Sie sich dann nicht mehr leisten. Oder eine simple Erkältung, die Sie aus der Bahn wirft. Wenn Sie eine Routine haben schreiben Sie. Jeden Tag. Außer vielleicht sonntags. Aber Sie haben sich vorgenommen jeden Tag fünf Seiten zu schreiben. Oder zehn. Denn Sie haben ein Ziel und eine Deadline. Und dann schreiben Sie, egal ob Sie Lust haben oder nicht. Der schlimmste Fall, der dann auftreten kann ist, dass der Leser Ihre schlechte Laune spürt. Das erkennen Sie aber am nächsten Tag selbst, wenn Sie den Text lesen, den Sie am Tag davor verfasst haben. Und dann schreiben Sie ihn eben nochmals neu. Dann haben Sie aber keinen Tag verloren, denn Sie hatten ja ohnehin nicht vor, am Vortag etwas zu Papier zu bringen. Stimmts? Was aber, wenn der Text trotzdem gut geworden ist? Dann erreichen Sie Ihr Ziel in der vorgegebenen Zeit. Und zwar ohne Anstrengung, ohne Druck und ohne Stress. Ein Profisportler steht auch nicht morgens im Training und sagt: „Och, heute habe ich mal keine Lust, ich lasse es einfach bleiben.". Nein, er trainiert trotzdem. Und ist genau aus diesem Grund Profisportler. Weil ein Tag ohne Training im Profisport einiges kaputt machen kann. Und es bei uns Normalsterblichen meist nicht bei dem einen Tag bleibt. Dann schreiben Sie nämlich nicht nur am Freitag nicht, Sie verzichten dann am Samstag auch darauf. Ist ja Wochenende. Können Sie am Montag noch nachholen. Sonntag machen Sie ohnehin Pause. Und Zack – sitzen Sie am Montag vor einem zu schreibenden Bericht und es fehlen zwei ganzen Tage. Und der Montag will ja auch noch geschrieben werden. Heißt: an einem Tag die Arbeit von drei Tagen machen. Und dann wird es schon wieder schwierig.

Sie verstehen, worauf ich hinauswill: Routinen und Gewohnheiten helfen uns, zielgerichteter durchs Leben zu gehen und dranzubleiben. Dazu ist es natürlich auch wichtig, sich vorher Gedanken gemacht zu haben, welche Gewohnheiten wir uns denn aneignen wollen. Was für ein Mensch wollen Sie sein, wo wollen Sie hin? Stellen Sie sich dazu in allen Einzelheiten vor, wie Ihr Zielzustand aussehen soll. Wenn Sie sich als erfolgreichen, sportlich halbwegs aktiven Menschen sehen, der sich gesund ernährt, dann stellen Sie sich vor: „Ja gut, wenn ich in 5 Jahren so weit wäre, dann würde ich da morgens erst ein

Glas Wasser trinken und dann würde ich eine halbe Stunde joggen gehen. Und jeden Abend würde ich 30 Minuten lesen und das Handy weglegen, bevor ich schlafen gehe und keine schwere Mahlzeiten mehr essen, damit ich besser schlafen kann." Malen Sie sich plakativ vor Ihrem inneren Auge aus, welche Dinge für Sie zur Gewohnheit geworden wären, wie Sie sich verhalten würden, was sich verändert hätte. Und dann erstellen Sie sich genau die Routinen, die Sie ändern wollen und legen los.

Nun ist es sogar so, dass es eine Vielzahl unterschiedlichster Routinen gibt, die uns beim Durchhalten motivieren können.

Eine kurze Übersicht

Welche Routinen und Rituale eignen sich, um uns beim Durchhalten und Erreichen von Zielen zu unterstützen? Und lassen uns dabei nicht in Gefahr laufen, dem Alltag den Charme eines „Und täglich grüßt das Murmeltier"-Tages zu geben? Ob im Berufsleben oder im Privatleben: es werden Ihnen nun verschiedene Arten von Routinen vorgestellt. Alle der vorgestellten Routinen werden Ihnen ermöglichen, nicht frühzeitig aufzugeben. Sie konzentrieren sich natürlich auf die Routinen, die für Sie persönlich in Frage kommen. Aber vergessen Sie nicht: Ziele erreicht man nur, wenn man sich aus seiner Komfortzone begibt. Eine Routine von vornherein abzulehnen, weil man es sich nicht vorstellen kann ist nicht sinnvoll. Die Morgenroutine wird beispielsweise gern abgelehnt, da sich die wenigsten Menschen selbst als Frühaufsteher bezeichnen würden. Ist sie doch die wahrscheinlich effizienteste Routine, um Ihrem Tag ganz pragmatisch mehr Stunden zu schenken. Daher werden wir in der Vorstellung auch mit dieser starten.

Die Morgenroutine

Für viele Menschen ist der Start in den Tag gleichsam der erste Horror-Moment. Der Wecker klingelt und entweder Sie drücken den „Snooze"-Knopf oder Sie drehen sich noch einmal um. Am liebsten würden Sie sich die Decke über den Kopf ziehen und weiterschlafen. Bitte nicht aufstehen! Nicht jetzt! Dabei wissen Sie doch eigentlich, dass es nicht im Sinn des Lebens liegt sich schon morgens beim Aufstehen zu wünschen, es wäre schon wieder Abend.

Eine Morgenroutine wird Ihnen existentiell dabei helfen, den Tagen wieder mehr Leben und dem Leben mehr Zeit zu geben. Dabei ist es zunächst nicht zwingend erforderlich, ob Sie ein Frühaufsteher sind oder nicht.

Der Sinn der Morgenroutine besteht darin, den Tag in Ruhe zu starten und sich auf die kommenden Aufgaben zu fokussieren. Statt wie üblich mit dem Weckerklingeln aufzustehen und sich um Frühstück, Familie, Hund zu kümmern haben Sie nun erst einmal Zeit für sich. Ganz allein für sich. Meist ist es empfehlenswert sich circa eine Stunde zu gönnen. Und woher nehmen, wenn nicht stehlen? Es ist so simpel wie abschreckend: Sie stehen eine Stunde früher als gewohnt auf. Klingelte Ihr Wecker bisher um 6 Uhr werden Sie nun um 5 Uhr geweckt. Was für den ein oder anderen nach einem unmöglichen Vorhaben klingen mag ist für viele erfolgreiche Menschen bereits Realität: denn in dieser einen Stunde haben Sie Zeit für sich. Und davon haben wir ohnehin schon viel zu wenig.

Doch was machen Sie nun in dieser einen Stunde? Nur die Badezimmerzeremonie ausdehnen oder den bisherigen Morgenablauf nach vorn ziehen? Keineswegs! Eine gute Morgenroutine sollte folgende Elemente enthalten:
1. Achtsamkeitstraining
2. Journaling / Tagebuchschreiben
3. Sport / Bewegung
4. Weiterbildung

5. Die Arbeit an den Glaubenssätzen
6. Visualisierung

Die einzelnen Themen müssen nicht besonders lang sein, manchmal reichen fünf bis zehn Minuten völlig aus. Sie können **beispielsweise** die Zeiten so aufteilen:

1.	Achtsamkeitstraining	5 Minuten
2.	Journaling / Tagebuchschreiben	5 Minuten
3.	Sport / Bewegung	25 Minuten
4.	Weiterbildung	10 Minuten
5.	Die Arbeit an den Glaubenssätzen	5 Minuten
6.	Visualisierung	10 Minuten

Was genau bedeuten aber die einzelnen Themenkomplexe?

Unter Achtsamkeitstraining verstehe ich ein *zur Ruhe kommen*. Meditieren Sie. Machen Sie Atemübungen. Sind Sie ganz bei sich und genießen Sie die Stille. Für gewöhnlich schläft der Rest der Familie schließlich noch! Starten Sie mit der Achtsamkeitsübung dann beginnen Sie ab sofort jeden Tag nicht in Stress und Hetze, sondern in Ruhe und völlig entspannt.

Außerdem sollten Sie etwas Zeit finden, um ein Tagebuch oder Journal zu führen. Sie finden im Buchhandel zahlreiche Tipps und Vorlagen für Erfolgstagebücher, 6-Minuten-Tagebücher, Dankbarkeitstagebücher und viele mehr. Entscheiden Sie sich für eine Art des Tagebuchschreibens und nehmen Sie sich in dieser ruhigen Stimmung ein paar wenige Minuten, um Ihr Journal zu pflegen. Täglich. Da dieser Punkt besonders wichtig ist, widmen wir uns im Übrigen im nächsten Kapitel ausschließlich dem Schreiben.

Dass tägliche Bewegung für uns gut ist, wissen wir alle. Je nach Zeitaufwand – oder wie ihr sonstiger Tag aussieht (vielleicht sind Sie aktives Mitglied in einem Sportverein) – nehmen Sie sich in dieser einen Stunde Zeit, um etwas Gymnastik oder Yoga zu betreiben. Vielleicht möchten Sie auch eine kurze Runde Joggen gehen oder sich anderweitig bewegen.

Dieser Punkt darf ruhig den größten Zeitanteil in Ihrer Morgenroutine erhalten.

Ebenfalls nicht fehlen sollte die persönliche Weiterbildung. Lesen Sie morgens ein paar Seiten aus einem Fachbuch, einem Buch für Persönlichkeitsentwicklung, über Ihr Lieblingshobby. Es sollte sich nicht um Romane oder einfache Geschichten handeln, sondern um ein Sachbuch, das Sie in Ihrer persönlichen Entwicklung weiterbringt. Diese Bücher lesen wir viel zu selten! Wir bestellen und kaufen Bücher zu verschiedenen Themen, die uns im Beruf oder privat voranbringen sollen und haben doch nie Zeit dazu, uns wirklich damit zu beschäftigen. Wenn Sie jeden Morgen nur zehn Minuten in solch einem Buch lesen werden Sie überrascht sein, wie viele Bücher Sie in Zukunft lesen werden!

Außerdem haben Sie nun ein paar Minuten, um an einem oder mehreren Ihrer Glaubenssätze zu feilen. Nicht ohne Grund werden Top-Manager von Motivationstrainern darauf eingeschworen, sich morgens mit positiven Sprüchen selbst im Spiegel zu begegnen. Denken Sie an das vorhergehende Kapitel! Hier finden Sie den Zeitpunkt, an welchem Sie genau an diesen ausgearbeiteten Glaubenssätzen arbeiten können! Erarbeiten Sie sich sogenannte Affirmationen, also positive Glaubenssätze, die Sie weiterbringen. Lesen Sie sich jeden Morgen diese Affirmationen vor, besser noch: lernen Sie sie auswendig und sprechen Sie diese zu sich selbst.

Und genauso wichtig wie die bisherigen Punkte ist das Visualisieren. Wenn Sie ein Ziel vor Augen haben, sei es privat oder beruflich, stellen Sie sich vor, wie es sein wird, wenn Sie dieses Ziel erreicht haben. Versuchen Sie täglich ein detailliertes Bild vor Augen zu haben. Und dann spüren Sie in sich hinein: wie fühlt sich der Moment an? Was hat sich geändert im Vergleich zu jetzt? Das Wichtige dabei ist, dass Sie viel deutlicher erkennen werden, was Sie tun mussten, um dorthin zu gelangen. Sie gehen dann sozusagen die Reise rückwärts. Ich versuche dies anhand eines Beispiels zu verdeutlichen: Sie möchten in fünfzehn Jahren in einem Haus in der Provence Ihren Ruhestand beginnen. Und nun stellen Sie sich in allen Einzelheiten vor, wie das sein wird. Wie Sie durch die bergige Landschaft der Provenceausläufer fahren, Ihre Einfahrt erreichen, das Auto abstellen und Ihr Haus betreten. Es duftet nach Lavendel, im Garten stehen prächtige Palmen, dazwischen ein paar wenige Olivenbäume. Sie haben Gäste eingeladen, der Tisch auf der Terrasse ist bereits mit frischem Kaffee und Croissants gedeckt. Als Ihre Gäste mit Ihnen am Tisch sitzen werden Sie gelobt ob des wunderschönen Domizils und Sie fühlen sich wohl. Und Sie erzählen, dass Sie Glück hatten, als Sie damals, in einem Urlaub sieben Jahre vorher dieses Häuschen gefunden hatten. Und wie Sie mit der Finanzierung gerechnet haben. Die Sie dann glücklicherweise stemmen konnten, weil Sie damals in Ihrem Job ein besonders interessantes Projekt übertragen bekommen hatten. Weil Sie wieder fünf Jahre zuvor das Projekt, an dem Sie jetzt gerade arbeiten erfolgreich abschließen konnten. Weil Sie ... Auf einmal wissen Sie, was Sie *jetzt* tun müssen, um sich diesen Traum in fünfzehn Jahren erfüllen zu können.

Die Macht der Visualisierung wird immer noch von den meisten unterschätzt. Wenn Sie diesen Teil aber in Ihre Morgenroutine einbauen werden Sie Ihre Ziele definitiv schneller und effizienter erreichen.

Ich möchte Ihnen aber auch kein X für ein U vormachen: Wenn Sie eine solche Routine beginnen werden Sie sicherlich abends bemerken, dass Sie auch eine Stunde früher müde werden. Die ersten Wochen oder Monate. Das ist aber nicht weiter dramatisch, wenn Sie bedenken, dass Sie höchstwahrscheinlich auf die letzte Stunde Ihrer bisherigen Tage verzichten können. Nach einigen Wochen beginnt Ihr Körper aber, sich an die neuen Zeiten zu gewöhnen und irgendwann ist es für Sie kein Hindernis oder Aufwand, früher als üblich aufzustehen, sondern es wird zur Normalität. Denken Sie immer an die 66 Tage, die wir benötigen, um uns an neue Gewohnheiten zu gewöhnen. Vielleicht möchten Sie auch ganz andere Elemente in

Ihre Routine aufnehmen, die oben genannten sind lediglich bewährte Beispiele.

Wenn Sie mit einer neuen Morgenroutine starten nehmen Sie sich ein paar Wochen Zeit und haben Sie Geduld. Ich selbst habe 8 Monate benötigt, um die Morgenroutine zu finden, die zu mir passt! Hat sich Ihre Routine aber etabliert, haben Sie nicht nur eine Stunde Zeit am Tag gewonnen, sondern Sie haben auch noch Zeit für all die Dinge, die Sie früher in Ihren Alltag nicht unterbringen konnten. Lesen, Sport, Journal schreiben… Und Sie beginnen den Tag nicht bereits genervt und gestresst – Sie werden sehen, dass Sie nach einigen Monaten morgens froh gelaunt aufstehen werden, und kein Bedürfnis mehr danach haben werden, sich nochmals umzudrehen und weiter zu schlafen!

Wichtig bei alledem ist allerdings: seien Sie streng mit sich, aber nicht zu streng. Bewahren Sie Geduld und passen Sie die Routine gegebenenfalls Ihren Befindlichkeiten an. Ich persönlich verzichte zum Beispiel samstags auf meine Morgenroutine, lasse den Wecker aus und schlafe, so lange ich will… und wache dann meistens gegen halb Sieben auf, was sich unheimlich ausgeschlafen und erholt anfühlt – aber wenn Sie Ihren Freunden berichten, dass Sie „so richtig lange ausgeschlafen" haben und damit 6.30 Uhr meinen werden diese wahrscheinlich nur die Köpfe schütteln. Probieren Sie aus und finden Sie IHRE persönliche Routine.

Die Abendroutine

Ebenso wichtig wie eine gute Morgenroutine sind die letzten Momente vor dem Schlafen gehen. Die Abendroutine kann deutlich kürzer ausfallen als die Morgenroutine, ist aber ebenso wichtig. Abends legen Sie den Grundstein für einen erholsamen Schlaf und einen guten Start in den nächsten Tag. Denn eine gute Schlafhygiene sorgt nicht nur für guten Schlaf, sondern auch für viel Energie und ein besseres Lebensgefühl. Natürlich hängt auch von der Qualität des Bettes einiges ab, aber mindestens genauso wichtig ist die abendliche Routine.

Sie sollten die letzten Stunden des Tages nicht vor Fernseher, Computer oder Smartphone verbringen und am besten generell elektrische Geräte aus dem Schlafzimmer verbannen.

Wenn Sie ohne abendliches Fernsehen nicht sein wollen, dann versuchen Sie es doch einmal damit: gönnen Sie sich den Fernsehabend und beenden Sie diesen eine halbe Stunde früher als gewöhnlich. Anschließend bereiten Sie sich auf das Schlafengehen vor und nehmen sich ein Buch beiseite, das muss kein Fachbuch sein, das kann nun auch ein Roman sein. Lesen Sie die letzten 15 – 30 Minuten vor dem Schlafengehen.

Erstellen Sie sich Zu Bett-Geh-Affirmationen: „Ich freue mich auf den morgigen Tag. Ich werde genug Schlaf erhalten und morgen ausgeruht aufstehen." Zum Beispiel.

Lesen Sie sich als letztes bevor Sie das Licht ausmachen diese Affirmationen vor oder sprechen Sie sie auswendig. Es ist erwiesen, dass uns der letzte Gedanke, den wir in den Schlaf mitnehmen am Morgen als Erstes in den Sinn kommt. Wenn nicht bewusst, dann unterbewusst. Sie können also die Qualität Ihres Aufwachens bereits beim Zubettgehen positiv beeinflussen!

In Kombination mit der Morgenroutine entschleunigen Sie auf diese Weise extrem Ihren Alltag und tanken Kraft und Energie. Sie bauen sogar noch Energie auf, von der Sie bisher nicht wussten, woher diese kommen soll! Während die Morgenroutine sehr stark strukturiert sein sollte kann die Abendroutine durchaus von Ihrer Tagesform abhängig gemacht werden. Wichtig ist nur, dass Sie eine haben und diese nicht aus *nach Hause kommen – Fernseher an – Bier trinken – auf dem Sofa einschlafen – ins Bett legen* besteht. Dazu ist Ihr Leben doch viel zu schade! Denken Sie immer daran: dieses Leben ist keine Generalprobe, Sie haben nur dieses eine. Und Sie lesen dieses

Buch sicherlich nicht, um zu erfahren, wie Sie eigentlich am liebsten alles auf einmal verändern können, aber bitte ohne Aufwand…

Der Alltag

Ob zu Hause, im Büro, als Schüler, Student oder Rentner: ein geregelter Tagesablauf kann Sie dabei unterstützen, Ihre Ziele schneller und Kräftesparender zu erreichen – und Ihnen damit wieder ein bisschen mehr beim Durchhalten zu helfen.

Als Grundlage kann Ihnen zum Beispiel ein Erfolgstagebuch dienen, das Sie im Rahmen der Morgenroutine führen.

Wichtig ist, dass Sie Ihrem Alltag verschiedene Anker geben. Diese geben Ihrem Unterbewusstsein Sicherheit und verhelfen Ihnen zu innerlicher Ruhe. Wäre Ihr Tag ein Projekt könnten Sie diese auch als Meilensteine bezeichnen. Für einen erfolgreichen Arbeitstag sollten Sie Ihre Aufgaben an den drei großen Ankerpunkten des Tages festmachen: Morgens, Mittags, Abends. Am besten beginnen Sie den Tag mit einem gesunden und ausgewogenen Frühstück. Mittags planen Sie eine vollwertige Mahlzeit ein und für das Abendessen setzen Sie bereits morgens die ungefähre Uhrzeit fest. Warum dies Daten so wichtig sind? Mit regelmäßigen, gesunden Mahlzeiten vermeiden Sie Leistungstief im restlichen Lauf des Tages! Wenn Sie tatsächlich Durchhalten wollen, sollten Sie sich von den Nachmittagstiefs und langsamen Starts am Morgen verabschieden.

So gestärkt können Sie den Tag ohne unnötige Zwischenpausen gestalten. Dabei hilft Ihnen die klassische gute alte Projektplanung. Versuchen Sie, diese Elemente routiniert durchzuführen, das heißt sie zu Gewohnheiten zu entwickeln. Es geht nicht darum, dass Sie sich verbiegen oder Dinge komplett anders machen – wer aber durchhalten will muss sich aus seiner Komfortzone begeben. Darren Hardy hat gesagt: "Du wirst dein

Leben niemals verändern, bis du etwas veränderst, das du täglich tust. Das Geheimnis deines Erfolgs lässt sich in deiner täglichen Routine finden." Folgende Punkte sollten Ihnen in Fleisch und Blut übergehen, damit Sie letztendlich auch mehr Zeit gewinnen (ohne sich aber weder überanstrengen, noch auf etwas verzichten zu müssen!).

Vorgänge sofort erledigen

Im Ordnungscoaching wird das gern die 2-Minuten-Regel genannt, manche weiten diese auf 5 Minuten aus oder kürzen sie auf 60 Sekunden. Im Kern bedeutet dies: wenn Sie Aufgaben vor sich haben, deren Erledigung ein Akt von wenigen Minuten ist, dann erledigen Sie diese sofort. E-Mails, die kurz beantwortet werden müssen; Telefonate, um einen Termin zu vereinbaren; eine Akte, die abgeheftet werden muss. Dies sind Beispiele für Aufgaben, die gerne auf einen „zu erledigen"-Stapel gelegt werden. Bis dieser Stapel so groß geworden ist, dass dessen Erledigung zwei Stunden dauert. Wovon eine viertel Stunde darin liegt, sich erst einmal in die Akten einzulesen und möglicherweise in E-Mails und Telefonaten nochmals erklären zu müssen, worum es geht, weil der Vorgang schon zu weit in der Vergangenheit liegt.

Erledigen Sie diese Aufgaben sofort!

Menschen, die sich davor scheuen sind meist diejenigen, die dann am Freitag einen halben Tag mit genau solchen Aufgaben verbringen. Während des Tages oder besonders am Morgen haben Sie oft die Zeit, die 5 Minuten einzubauen oder bewusst einzuplanen. Am Freitag oder Samstag führt das Anhäufen zu einem mehrstündigen Aufwand.

Dasselbe gilt für das Aufräumen. Wenn Sie dies täglich tun, werden Sie kaum 15 Minuten benötigen. Wenn Sie aber zwei Monate damit warten werden Sie mindestens einen ganzen Tag am Stück beschäftigt sein, nur aufzuräumen!

Erledigen Sie die Aufgaben vollständig!

Ebenso wichtig wie das sofortige Erledigen kleinerer Aufgaben ist es, sich zur Gewohnheit zu machen die Dinge auch komplett zu erledigen. Wenn Sie einen Brief schreiben müssen, dann schreiben Sie nicht nur den Brief, sondern drucken ihn auch sofort aus, stecken ihn in den Umschlag, frankieren diesen und legen ihn anschließend in den Postausgang oder eben in ihre Handtasche, damit Sie diesen gleich beim nach Hause gehen in den Briefkasten werfen können.

Fangen Sie keine E-Mails an, die Sie nicht fertig beantworten können. Halbe Sachen oder Provisorien sind tabu!

Es sind diese Kleinigkeiten, die Ihnen unnötig Zeit rauben. Wenn Sie sich einen Kaffee machen wollen und feststellen, der Behälter muss geleert werden … den Sie in den übervollen Mülleimer stopfen … damit Sie diesen in die Tonne bringen können… auf dem Weg dorthin treffen Sie den Kollegen, der nur kurz etwas mit Ihnen besprechen wollte… und auf dem Rückweg stellen Sie eine Stunde später fest, dass im Mülleimer kein neuer Müllbeutel hängt, die Kaffeemaschine immer noch blinkt, weil Sie den Behälter daneben vergessen hatten, und Sie eigentlich keine Zeit mehr für einen Kaffee haben. Alles ein Resultat dessen, dass der Behälter in der Maschine nicht nach dem letzten Kaffee entleert wurde (als die Anzeige zum ersten Mal aufleuchtete), weil der Mülleimer nicht sofort geleert wurde (da Sie eigentlich gerade an einer anderen Aufgabe dran sind). Das sind die Auswirkungen der „das erledige ich später"-Mentalität und hindert uns dann wieder am Dranbleiben.

Kein Multitasking!

Multitasking ist in aller Munde und eine der Hauptnebenwirkungen der Prokrastination. Lieber hundert

JETZT — ES IST NIE ZU FRÜH

Dinge gleichzeitig und nebenher erledigen, aber dann doch keine einzige Aufgabe wirklich zum Abschluss bringen.

Wenn Sie wirklich effizient unterwegs sein wollen verzichten Sie auf das Bearbeiten von mehreren Vorgängen gleichzeitig, da die Wahrscheinlichkeit, sich zu verzetteln bedeutend hoch ist. Widmen Sie sich nur einer Aufgabe gleichzeitig und erledigen Sie diese dafür hochkonzentriert. Dadurch, dass Sie in Gedanken nicht wo anders sind werden Sie kaum Fehler machen (die ansonsten wieder zu zeitraubenden Nachbearbeitungen führen). Außerdem müssen Sie keine Zeit dafür aufwenden, sich in das Thema jedes Mal wieder neu einarbeiten zu müssen und sind schneller konzentriert bei der Sache. Und weil das jedes Mal aufs Neue Einarbeiten so zeitraubend ist lässt man es im schlimmsten Fall komplett bleiben und das führt uns wieder zum Dilemma, dass wir nicht durchhalten.

Fazit zum Alltag

All diese Punkte sollten Sie sich zur Gewohnheit machen:
1. Vorgänge sofort erledigen
2. Vorgänge vollständig erledigen
3. Immer nur einen Vorgang gleichzeitig bearbeiten

Wenn Sie diese Routinen automatisch anwenden haben Sie viel Zeit gewonnen, ohne dass Sie irgendetwas an der Sache ändern müssen! Die Vorgänge lassen sich vielleicht nicht einfacher erledigen (wobei Punkt 3 schon dazu führt, da Sie sich besser konzentrieren können), aber die Komplexität der Vorgänge wird davon nicht beeindruckt. Ich möchte Ihnen damit sagen, dass Sie nicht die Arbeit an sich ändern müssen, sondern nur die Art, wie Sie damit umgehen. Menschen mögen Veränderungen nicht – an dieser Stelle reichen aber bereits kleinste Änderungen der Gewohnheiten aus, um eine grandiose Wirkung zu entfalten und Sie voranzubringen!

Weitere Routinen

Natürlich gibt es noch zahlreiche weitere Routinen, die Sie in Ihrem Leben begleiten und Ihnen dabei helfen können, an Ihren Zielen und Projekten dranzubleiben. Die frühzeitige Urlaubsplanung, das Fokussieren auf sich selbst während der Raunächte zum Jahreswechsel oder ein Trainingsplan für die täglichen sportlichen Übungen.

Welche Gewohnheiten Sie auch immer wählen, Sie können Ihnen helfen, durchzuhalten. Natürlich ist es immer wieder wichtig, gemäß dem *kontinuierlichen Verbesserungsprozess* zu überprüfen und zu hinterfragen, ob die Gewohnheiten noch zum eigenen Lebensstil passen. Dazu kommen wir im übernächsten Abschnitt. Denn ganz besonders wichtig ist diese Frage dann, wenn Sie eigentlich etwas anderes erreichen wollen. Wenn Sie sich zum Beispiel gesünder ernähren wollen, dann müssen Sie dies zur Gewohnheit machen – ansonsten laufen Sie Gefahr, sich in JoJo-Effekte zu verrennen und dann ist der Versuch der Änderung der Gewohnheiten nicht nur nicht zielführend, sondern sogar schädlich.

Denken Sie immer daran, dass solche Dinge Zeit brauchen und Sie, um eine Gewohnheit zu ändern mindestens 66 Tage benötigen, um Ihrem Gehirn die richtigen Impulse zu senden und diese neue Routine auch wirklich als Gewohnheit im Gehirn zu verankern. Sie müssen wissen, dass das Gehirn mit seinen Milliarden und Abermilliarden Nervenverbindungen und Gedanken die Chance hat, diese Verbindungen auch im Erwachsenenalter neu zu programmieren! Früher ging man in der Annahme, das Gehirn und das Denken lasse sich ab einem gewissen Alter nicht mehr ändern. Mittlerweile wissen wir aber, dass dem nicht so ist! In einem einfachen Beispiel können Sie sich vorstellen, dass die Gedanken sich sozusagen ein Straßennetz in Ihrem Kopf aufbauen. Oft gedachte Gedanken flitzen irgendwann auf Datenautobahnen nur so dahin, während die ungemütlicheren oder seltenen Gedanken sich auf Trampelfaden durch Ihren Kopf bewegen. Wenn Sie also abends vor der Frage stehen „Sofa oder Sport?" werden Ihre Gedanken automatisch über die „Sofa"-Autobahn schießen… dort ist es schließlich gemütlich, nicht so anstrengend und das Ziel ist so leicht zu erreichen. Der Weg, sich für den Sport zu entscheiden würde allerdings über einen holprigen Wanderweg führen, von dem Sie zwar wissen, dass es eigentlich der richtige Weg wäre, aber dieser ist so anstrengend und sieht auch überhaupt nicht einladend aus… also nehmen Ihre Gedanken die Autobahn und Sie wählen das Sofa. Um eine Gewohnheit zu ändern müssen Sie genau an diesem Entscheidungspunkt ansetzen. Und zwar mit vollem Bewusstsein. Sich dazu entscheiden, den Trampelpfad zu wählen. Und Sie werden merken, je öfter Sie Ihre Gedanken über den Trampelpfad schicken umso weniger befahren wird die Autobahn und umso breiter der schmale Pfad. Bis nach ca. 66 Tagen der einst enge, verschlungene und holprige Trampelpfad zu einer kleinen Schnellstraße ausgebaut wurde und die Autobahn zum Sofa langsam abgebrochen wird mangels Verkehrsaufkommen.

Auf dieselbe Weise können Pessimisten zu Optimisten werden – das Ganze vorgehen muss Ihnen schlichtweg bewusst sein.

Konzentration und Fokus

Ein weiteres wichtiges Kernelement beim Dranbleiben ist die Konzentration.

Damit meine ich nicht das Konzentrieren auf eine einzelne Aufgabe, sondern das ist streng genommen der oben genannte Punkt, kein Multitasking zu betreiben. Und gleichzeitig eine ganz eindeutige Aufforderung, der Prokrastination zu entfliehen.

Wenn wir ein Ziel vor Augen haben und dieses Erreichen wollen, dann kommen wir nicht umhin, uns zu fokussieren. Alles andere sollte in den Hintergrund rücken. Es gibt eine Trilliarde an Aufgaben und Entscheidungen, die tagtäglich auf uns einprasseln. Werden wir unkonzentriert, treffen wir möglicherweise die falschen Entscheidungen oder – und das ist definitiv häufig genug der Fall – wir fühlen uns irgendwann ob der Menge an Themen überfordert. Und was passiert, wenn wir uns überfordert fühlen? Wir fangen an, Dinge zu streichen und schlussendlich geben wir auf und brechen die ganze Sache ab.

Behalten Sie daher den Fokus auf das gewünschte Ergebnis! Natürlich kann man im Allgemeinen davon ausgehen, dass man sich konzentriert – wenn es aber um das Durchhalten geht, dann handelt es sich ja meist um langwierige Projekte oder eher schwerer zu erreichende Ziele. Und dann ist es wichtig, sich zu fokussieren. Wenn Sie ein absolutes Motivationstief haben, dann müssen Sie wissen, *warum* Sie das Ziel anstreben (siehe auch das Kapitel zum Rubikon-Model) und sich ausschließlich auf dieses *Warum* konzentrieren. Nun können Sie sich fragen, ob die Entscheidung, die Sie jetzt zu treffen haben, irgendetwas mit der Erreichung Ihres Zieles zu tun hat. Oder welche Sie treffen sollten. Es ist immer wichtig, auf Durststrecken des Durchhaltens zu wissen, wofür man das eigentlich tut und sich dann darauf zu besinnen. Dann fällt es wesentlich leichter, die Aufgaben, die man dafür tun muss zu erkennen und auch zu merken, wann man abdriftet und sich vom Ziel entfernt.

Wenn Sie vom Weg abkommen und sich vom Ziel entfernen fällt das Durchhalten immer schwieriger. Weil Ihnen im schlimmsten Fall irgendwann das Ziel abhandengekommen ist, beziehungsweise Sie es einfach nicht mehr sehen, also buchstäblich nicht mehr vor Augen haben.

Helfen kann Ihnen hier alles, was Sie wieder ins Gleichgewicht bringt und Sie zur Ruhe kommen lässt. Eine beliebte und äußerst effektive Methode ist eine kleine Variante der Atemmeditation, da können 5 Minuten reichen. Auch wenn Sie davon nichts halten mögen (so wie ich im Übrigen auch jahrelang der Meinung war, das bringe nicht wirklich etwas), möchte ich Ihnen diese Übung kurz ans Herz legen. Optimal ist diese Übung übrigens auch, wenn Sie nur schlecht einschlafen können. Dann führen Sie sie im Bett aus und Sie werden sehen, Sie werden schneller als gedacht ruhig einschlafen... Hier nun die kurze Anleitung:

Setzen Sie sich auf einen Stuhl, auf das Sofa, auf die Bettkante, ganz wie es Ihnen am bequemsten ist. Schließen Sie die Augen und legen Sie eine Hand locker auf Ihren Bauch. Und jetzt atmen Sie einfach aus und ein. Nicht extra schnell oder langsam, einfach so, wie Sie nun einmal atmen. Atmen Sie in den Bauch, nicht in die Brust (weshalb die Hand auf dem Bauch das Ganze einfacher macht: sollte Ihnen die Bauchatmung schwerfallen oder ungewohnt erscheinen, versuchen Sie dann nämlich einfach, die Hand mit Hilfe der Atmung und dem Bauch anzuheben. Sie atmen sozusagen „in die Hand hinein", falls Sie verstehen, was ich meine). Zurück zur Übung: Sie sitzen also da, die Hand auf dem Bauch, die Augen geschlossen und atmen einfach. Sie werden automatisch merken, dass Sie das Einatmen kaum hören, aber das Ausatmen deutlich hören können, ob durch Mund oder Nase. Konzentrieren Sie sich auf das Geräusch hören Sie zu, wie Sie ausatmen. Das Ausatmen darf grundsätzlich gern länger dauern als das Einatmen. Nur ein paar Atemzüge lang, vielleicht fünf oder zehn Mal. Und zuletzt ändern Sie jetzt Ihre Perspektive, stellen Sie sich vor, wie Sie sich aus der Vogelperspektive sitzen sehen. Nicht esoterisch schwebend, sondern einfach, was der Nachbar sehen würde, der Sie aus dem Stockwerk über Ihnen jetzt durchs Fenster sitzen sehen würde.

Sie sitzen also einfach nur da, sehen sich vor Ihrem inneren Auge, wie Sie auf Ihrem Stuhl sitzen, mit geschlossenen Augen, wie sich die Hand auf Ihrem Bauch hebt und senkt, Sie hören sich selbst ausatmen – that's it. Und das machen Sie eine Minute… drei Minuten… so lange, wie Sie möchten.

Was passiert mit Ihnen? Sie sprechen alle wichtigen Sinne an, die Sie besitzen, um sich zu fokussieren. Und zwar auf sich. Sie *sehen* sich, sie *spüren* sich, sie *hören* sich, sie atmen einfach. Der Herzschlag beruhigt sich, Sie werden selbst insgesamt ruhiger und die Gedanken können zur Ruhe kommen, denn:

man kann nicht zwei Gedanken gleichzeitig denken, das wussten schon die Menschen in der Antike. Um durchhalten zu können muss man sich konzentrieren, auf das, was wirklich wichtig ist. Und die Atemmeditation kann Ihnen helfen, die Gedanken zur Ruhe zu bringen. Anschließend können Sie sich auf Ihr Ziel fokussieren und die notwendigen weiteren Schritte einleiten.

KVP statt höher, schneller, weiter

Wie zu Beginn des Buches erwähnt lautete das Motto der Olympischen Spiele früher „schneller, höher, stärker". Um eine längere Aufgabe oder vor allem einen längeren Zeitraum durchzuhalten ist dies allerdings nicht immer.

Hilfreich ist hier ein Werkzeug aus dem Lean Management, der sogenannte kontinuierliche Verbesserungsprozess, kurz KVP. Dabei geht es darum, sich (oder eben Prozesse) ständig zu beobachten, nachzujustieren und zu verbessern. Wenn ich nun einen lang angestrebten Traum habe oder ein Ziel, dann hilft mir der kontinuierliche Verbesserungsprozess unheimlich weiter.

Ich möchte nun kurz darauf eingehen, wie dieser Prozess Ihnen konkret weiterhelfen kann und anschließend beschreiben, warum das für Sie so hilfreich ist!

Der eigentliche Verbesserungsprozess folgt einem simplen Schema, das allerdings in unzähligen Varianten existiert. In diesem Buch möchte ich daher nur auf die für Sie als Privatperson wichtigen Punkte eingehen. Auf Unternehmen bezogen können hier noch einige Punkte ergänzt werden, das wäre für Sie persönlich aber völlig uninteressant.

In aller Kürze zusammengefasst besteht der KVP aus vier Phasen:
PHASE 1: PLANEN
PHASE 2: TUN

PHASE 3: PRÜFEN
PHASE 4: HANDELN

Und dann geht es wieder weiter mit Phase 1, Phase 2, etc. …

Zu jeder Phase gibt es eine Kernfrage, die Sie sich stellen können – und damit wären wir schon mitten im Durchhalten. Die Fragen lauten:

PHASE 1: Wie soll es sein? (ich plane)
PHASE 2: Was tue ich, und wie? (ich tue)
PHASE 3: Was wurde erreicht? (ich prüfe)
PHASE 4: Was ist noch zu tun? (ich passe an und handle)

Sie sehen also, zu allererst stellt sich doch die Frage: was ist mein Ziel, meine Vision? Wenn Sie dieses Buch bis hierhin gelesen haben, werden Sie feststellen, dass dies die Kernfrage überhaupt ist. Also: Sie wissen, was Sie vorhaben. Sie haben möglicherweise bereits damit begonnen. Sie erinnern sich an das Rubikon-Model, haben also Ihren persönlichen Point-of-no-return erreicht. Und jetzt fehlt Ihnen das Durchhaltevermögen. Dann können Sie an diesem Punkt angelangt definitiv den KVP einfließen lassen. Sie überlegen sich, was Sie denn bisher getan haben und zu welchem Ergebnis das geführt hat. Dann überlegen Sie, was Sie verbessern können (und es gibt etwas zu verbessern, ansonsten würde Ihnen die Motivation zum Durchhalten nicht fehlen) und setzen diese Änderung entsprechend um. So lange, bis sie wieder an einem Punkt hängen bleiben. Im Grunde ist der KVP eine Detailversion der 4. Phase im Rubikon-Modell.

Doch warum ist das so, warum kommen Sie mit dem KVP durch diese Motivationstiefs? In Unternehmen eingesetzt verringern sich hier zusätzlich Fehlerrisiken und die Mitarbeiterkultur kann deutlich verbessert werden. Das soll aber wie bereits erwähnt nicht unser Thema sein. Wichtig für Sie, als normale Person, die sich vielleicht das Ziel gesetzt hat, abzunehmen, sich gesünder zu ernähren oder reich zu werden, dass es drei Hauptgründe gibt, die für den KVP sprechen, als da wären wie folgt:

1. **Nachhaltigkeit**

   Die kontinuierliche Verbesserung fokussiert sich auf eine schrittweise und nachhaltige Verbesserung im Laufe der Zeit. Sie sind ermutigt, sich nicht nur realistische Ziele zu setzen, sondern diese auch schrittweise zu erreichen. Ich predige immer wieder die Kraft der kleinen Schritte! Versuchen Sie nicht das Große Ganze auf einen Schlag, Sie brauchen viel Geduld und eine immer stetige Verbesserung Ihrer Gewohnheiten, Handlungen und ab und zu auch der Ziele. Wenn Sie den KVP berücksichtigen, dann stellen Sie damit auch sicher, dass die Verbesserungen und Änderungen, die Sie vornehmen auch beherrschbar sind und Sie nicht in einer Überbelastung oder sogar mit einem Burnout enden (siehe dazu auch das Kapitel „Die Gefahren des Durchhaltens.").

2. **Langfristiger Erfolg**

   Durch den kontinuierlichen Verbesserungsprozess verfolgen Sie automatisch eine langfristige Perspektive. Es geht Ihnen also eben nicht nur um das schnelle Erreichen kurzfristiger Erfolge, sondern um das Erreichen Ihrer großen Ziele. Und dazu müssen Sie eben Durchhalten. Übung macht den Meister, das wissen wir. Und manchmal muss man eben üben, üben, üben und nochmals üben. Wenn wir uns mit dem KVP beobachten und – ich sage einmal ganz krass – kontrollieren, dann stehen die Chancen wesentlich besser, unsere langfristigen Ziele auch zu erreichen und das Durchhalten überhaupt ansatzweise zu meistern.

3. Flexibilität und Anpassungsfähigkeit

Der KVP ermöglicht Ihnen, Ihre Gewohnheiten und Handlungen immer und immer wieder neu anzupassen und zu verändern. Wir sind alle so unterschiedliche und für den Einen passt dies, für den Anderen jenes. Manchmal geschieht es, dass sich unsere Lebenssituation ändert – dann müssen wir auch da wieder flexibel sein und uns entsprechend der Situation anpassen.

Im Grunde gehört dieser Verbesserungsprozess zu unserer inneren Lebenseinstellung. Es gibt immer etwas, was wir verbessern können! In diesem Fall gilt: stillstand ist Rückschritt. Und wenn uns die Motivation zum Durchhalten fehlt dann gibt es ohnehin nichts Schlimmeres als den Vogel Strauß-Effekt, das heißt sich hinzusetzen, den Kopf in den Sand zu stecken und zu warten. Vom Warten wird unsere Motivation nicht wiederkommen. Das heißt aber nicht, dass Sie stets ungeduldig von einer Verbesserung nur nächsten rennen sollen – auch da ist ein gesundes Maß wichtig!

Manchmal kommen wir auch an einen Punkt, an dem wir denken „Mensch, jetzt lief es so gut! Und dann das!" und wir einen herben Rückschlag erleiden. Dann können wir das Rad auch mit einem KVP nicht zurückdrehen, aber wir können lernen, wie wir

Mit Rückschlägen umgehen

Früher oder später ist es so weit: Sie waren bisher gut unterwegs, der Plan hat sich gefestigt, die Routinen sind zu Gewohnheiten geworden und dann: ein Rückschlag.

Wie Sie mit einem Rückschlag konfrontiert werden, ist es wichtig, die richtige Einstellung dazu zu haben. Erlauben Sie sich, die Emotionen zu spüren, die mit dem Rückschlag einhergehen – vielleicht sind Sie enttäuscht, traurig oder einfach nur frustriert. Meistens sind wir an diesem Punkt so dermaßen demotiviert, dass wir aufgeben wollen. Akzeptieren Sie, dass diese Gefühle natürlich sind und vor allem gültig. Sie haben eine Daseinsberechtigung und wollen Sie einfach nur auf etwas hinweisen. Aufgeben ist daher an diesem Punkt der falsche Weg, denn es gibt nützliche Verhaltensweisen, die Ihnen jetzt weiterhelfen werden.

Zu aller erst machen Sie einen Schritt zurück und reflektieren Sie, was schiefgelaufen ist und warum. Diese Reflexion wird Ihnen helfen, Erkenntnisse zu gewinnen und aus der Erfahrung zu lernen. Suchen Sie anschließend nach Faktoren, die zu diesem Rückschlag beigetragen haben und überlegen Sie, wie sich diese oder ähnliche Fehler in Zukunft vermeiden lassen können. Ein Rückschlag möchte Ihnen eine wichtige Botschaft senden. Irgendwo sind Sie falsch abgebogen oder haben etwas nicht beachtet. Nehmen wir das Beispiel mit der gesunden Ernährung. Sie haben begonnen, sich gesund und ausgewogen zu ernähren, um abzunehmen. Es funktioniert ganz wunderbar, Sie sind glücklich und zufrieden und stolz auf die ersten Wochen. Dann ändert sich etwas in Ihrem Beruf oder Ihrem Privatleben, das Leben wird stressiger, Sie stehen unter erhöhtem Druck und haben nicht mehr so viel Zeit für Ihre Routinen. Sie beginnen, Dinge schleifen zu lassen und auf einmal merken Sie: die gesunde Ernährung bringt Sie jetzt nicht weiter, Sie haben Heißhunger auf Fast Food oder betäuben den Stress mit Alkohol. Ein klassischer Rückschlag. Sie sind enttäuscht und frustriert und wollen am liebsten beschließen, dass Sie das mit der gesunden Ernährung ohnehin noch nie geschafft haben. Wenn Sie nun einen Schritt zurück gehen und die Situation reflektieren werden Sie merken, dass Sie nur in diese Schieflage geraten sind, weil Sie unter extremem Druck stehen. Also setzen Sie hier an und nehmen Sie den Druck raus. Versuchen Sie, den Stress zu verringern, treiben Sie mehr Sport, achten Sie auch sich. Und vor allem: machen Sie mit dem eigentlichen Plan, sich gesund zu ernähren weiter! Je öfter Ihnen das gelingt, um so leichter wird Ihnen das Durchhalten gelingen.

Als nächstes betrachten Sie den Rückschlag als Chance für Wachstum, statt sich auf das Negative zu konzentrieren. Akzeptieren Sie ihn als Gelegenheit, Widerstandsfähigkeit zu entwickeln und neue Perspektiven zu gewinnen. Indem Sie den Rückschlag umdeuten, verwandeln Sie ihn in einen Schrittstein auf dem Weg zum Erfolg. Sie haben doch ein Ziel vor Augen – machen Sie sich bewusst, dass eine Wachstumskurve nie einfach nur geradeaus nach oben verläuft. Es gibt immer wieder kleinere und größere Rückschläge, die einfach dazu gehören. Ohne Rückschläge werden Sie kein Wachstum erleben. Wenn Sie sich dessen bewusst werden, ist es ein vielfacheres leichter, damit umzugehen und durchzuhalten.

Ein weiterer Punkt ist, wie bereits oben beim kontinuierlichen Verbesserungsprozess erwähnt: passen Sie Ihre Erwartungen und Ziele an den Rückschlag an. Verstehen Sie, dass Rückschläge ein normaler Teil jeder Reise sind und sie Ihren ultimativen Erfolg oder Wert nicht definieren. Setzen Sie daher realistische und erreichbare Ziele, die die gewonnenen Erkenntnisse berücksichtigen. Das heißt ja nicht, dass Sie nicht dranbleiben sollen und beim ersten Rückschlag Ihr Ziel über den Haufen werfen sollen.

Unheimlich wichtig ist bei Rückfällen jeglicher Art die Unterstützung durch Freunde, die Familie oder Mentoren. Teilen Sie Ihre Erfahrungen mit ihnen und sprechen Sie über Ihre Gefühle, wie es Ihnen geht und warum es Ihnen gerade so geht. Der Rat und die Ermutigung können Ihnen eine neue Perspektive und erneute Motivation geben. Wichtig ist hierbei zu erwähnen, dass Sie sich nur an Menschen wenden sollten, die Sie verstehen oder sogar schon einen ähnlichen Weg gegangen sind. Bei großen Veränderungen oder Zielen wird es sehr wahrscheinlich passieren, dass es Menschen gibt, die Sie nicht mehr verstehen oder sogar von Ihrem Ziel abbringen wollen. Das ist besonders bei Visionen und Wünschen, die die eigene Persönlichkeit betreffen der Fall. Ein klassisches Beispiel hier ist der Wechsel vom Angestelltendasein in die Selbstständigkeit. Wenn Sie diesen Schritt gewagt haben, werden Sie zahlreiche

Rückschläge erleben, Durchhalten ist hier nahezu an der Tagesordnung. Die Freunde und auch Familienmitglieder, die Sie bisher kannten und unterstützt haben kommen mit der Situation möglicherweise aber nicht so gut zurecht oder haben schlichtweg keine Erfahrung auf dem Gebiet. Dann werden Sie dort in schwierigen Zeiten kaum Zuspruch erhalten, sondern eher befeuert werden, dass Ihre Idee der Selbstständigkeit von vornherein zum Scheitern bestimmt war. Dann finden Sie allerdings Unterstützung in anderen Businessnetzwerken oder auf Veranstaltungen für Unternehmer. Suchen Sie sich also Gleichgesinnte für einen Austausch, diese werden Sie auch in schwierigen Zeiten motivieren und Ihnen den nötigen Rückhalt bieten.

Manchmal kann es sein, dass der Rückschlag überwältigend wirkt. Dann zerlegen Sie Ihr großes Ziel in kleinere, machbare Aufgaben. Diese Herangehensweise ermöglicht es Ihnen, ein Gefühl der Kontrolle zurückzugewinnen und Schwung aufzubauen. Konzentrieren Sie sich darauf, ganz, ganz kleine Fortschritte in Richtung des ultimativen Ziels zu machen. Es ist wie beim Aufräumen: immer und immer wieder erkläre ich den Kunden, dass sie mit kleinen Schritten besser vorankommen werden als mit einer riesengroßen Hauruckaktion.

Das allerwichtigste ist jedoch: jetzt gilt es wirklich durchzuhalten! Bleiben Sie widerstandsfähig und beharrlich. Pflegen Sie eine Denkweise, die Herausforderungen als Chancen für Wachstum annimmt, bewahren Sie eine positive Einstellung und gehen Sie auch inmitten von Hindernissen weiter voran. Denken Sie immer daran, dass Rückschläge nur vorübergehende Hürden auf dem Weg zum Erfolg sind!

Wenn Sie diese Ratschläge befolgen, lernen und durchhalten, können Sie Rückschläge in kleine Schritte verwandeln, um Ihre Ziele zu erreichen. Wie ich ganz persönlich mit Rückschlägen umgehe, erfahren Sie im letzten Kapitel des Buches.

Selbstdisziplin

Mein Lieblingswerkzeug aus dem Lean Management, die 5S-Methode, besteht aus 5 Schritten. Mit Hilfe dieser 5 Schritte ist es uns möglich, schnell und effizient unsere äußere Umgebung zu ordnen, strukturieren und nachhaltig bessere Ergebnisse zu erzielen. Neben Aussortieren und Standardisieren lautet hier der letzte und fünfte Schritt „Selbstdisziplin".

Die Selbstdisziplin ist einer der größten Stellschrauben bei der Erreichung unserer Ziele und maßgebend für das Durchhaltevermögen eines jeden Einzelnen verantwortlich. Ohne Selbstdisziplin lassen wir viel zu früh los und geben auf.

Doch was, wenn es an Selbstdisziplin mangelt? Oft weiß man ja selbst um den Umstand, dass man sich manchmal besser zügeln, zusammenreißen oder motivieren sollte, aber es mangelt eben.

In der Persönlichkeitsentwicklung beschäftigt man sich manchmal mit den sogenannten „BIG FIVE", den fünf Persönlichkeitsmerkmalen, die uns ausmachen. Die Selbstdisziplin wird hier der Gruppe der Gewissenhaftigkeit zugeordnet, so wie auch die Faktoren der Kompetenz, Ordentlichkeit, Pflichtbewusstsein, Leistungsstreben und der Besonnenheit. Wissenschaftlich nachgewiesen werden konnte ebenso, dass ca. 49% daran ein vererbter Anteil hat. Das heißt, Sie wurden nicht schon völlig undiszipliniert geboren! Sie hatten möglicherweise eine Veranlagung dazu, die restlichen 51% haben wir aber während unseres Lebens erlernt. Das Schöne daran ist also nun, dass wir Selbstdisziplin lernen können, genau so wie aus einem sehr unordentlichen Menschen ein ordentlicher Mensch werden kann. Wenn er denn will.

Die Selbstdisziplin ist daher unser treuer Begleiter auf dem Weg des persönlichen Wachstums. Sie ermöglicht es uns, uns auf unsere Ziele zu konzentrieren, Hindernisse zu überwinden und die für den Erfolg notwendigen, in den vorherigen Kapiteln oft erwähnten Gewohnheiten zu entwickeln.

Folgend finden Sie nun einige Anregungen, wie das Lernen von Selbstdisziplin geschehen kann. Die Liste bietet keinen Anspruch auf Vollständigkeit und soll lediglich als Anregung für Ihre weiteren Schritte dienen, oder auch als Ergänzung zu den vorherigen Kapiteln. Indem Sie diese Werkzeuge in Ihre Leben integrieren, können Sie Ihre Entschlossenheit stärken, Ablenkungen überwinden und somit wirklich Ihr wahres Potential entfalten.

Affirmationen

Affirmationen sind kraftvolle Aussagen, die positiven Überzeugungen und Absichten verstärken. Manche sagen auch „Glaubenssätze" dazu, das finde ich persönlich ein wenig zu weit gegriffen. Sie sprechen sich Affirmationen meist täglich laut vor, reden sich also im wahrsten Sinne des Wortes gut zu. Wenn sie konsequent und vor allem überzeugt genutzt werden, können sie unsere Denkweise prägen und damit die Selbstdisziplin stärken. Indem wir regelmäßig unsere Fähigkeiten bekräftigen und die Verhaltensweisen, die wir verkörpern möchten, bestätigen, schaffen wir eine solide Grundlage für diszipliniertes Handeln. Um schlussendlich das Beste aus Affirmationen herauszuholen, habe ich hier ein paar Tipps für Sie zusammengefasst:

1. **Wählen Sie stärkende Worte / Sätze**

    Wählen Sie Wörter und Phrasen, die mit Ihren Zielen im Einklang stehen. Formulieren Sie diese einprägsam, wirkungsvoll und in der Gegenwart. Ein Beispiel könnte sein: „Ich bin fokussiert und entschlossen, meine Ziele zu erreichen."

Ich persönlich kann hier das Buch „Miracle Equation" von Hal Elrod nur empfehlen, denn er bezieht sich in diesem Buch unter anderem darauf, wie genau ich die Affirmationen formulieren sollte, damit ich am Ende auch wirklich mein Ziel erreiche.

Sie können auch sagen: „Ich bin diszipliniert genug, um mich heute nicht ablenken zu lassen." oder „Ich bin ein schöner Mensch und ich werde von Tag zu Tag attraktiver."

Wenn Sie zum Beispiel gerade erst mit Sport begonnen haben und noch an diversen Leistungsschwächen kämpfen zu haben könnten Sie sich sagen: „Jede Zelle meines Körpers ist von Gesundheit durchströmt, ich bin fit und vital!".

2. Wiederholen und Visualisieren

Wie bereits oben geschrieben: wiederholen Sie diese Affirmationen täglich, am besten vor einem Spiegel. Visualisieren Sie sich dabei, stellen Sie sich vor Ihrem inneren Auge vor, wie Sie diese gewünschten Eigenschaften und Handlungen verkörpern, stellen Sie sich vor, wie Sie fit und vital durch den Wald joggen werden. Lassen Sie die positive Energie, die sich so aufbaut wirken und spüren Sie, wie es sich anfühlt, wenn Sie dieses Ziel erreicht haben.

3. Affirmationen als Anker

Nutzen Sie Affirmationen in schwierigen Zeiten. Nämlich genau dann, wenn Ihnen das Durchhalten so schwerfällt. Oder Sie die berühmte Prokrastination überfällt. Wenn Sie Versuchungen oder Ablenkungen gegenüberstehen, wiederholen Sie Ihre Affirmationen, um sich wieder auf das Wesentliche zu konzentrieren und Ihre Entschlossenheit zu stärken.

Bei Affirmationen ist es essentiell wichtig, diese wirklich zu üben und täglich zu wiederholen. Ich empfehle dies im Rahmen der Morgenroutine (siehe auch Kapitel Routinen und Gewohnheiten). Dann haben Sie diesen Punkt fest in Ihrem Tagesablauf eingeplant und müssen sich dazu nicht auch noch extra Zeit nehmen. Denn wer sich in Selbstdisziplin üben will hat nun mal meistens das Problem, dass er ja eben keine hat. Und dann helfen nur festgelegte Rituale.

Meditation

Meditation ist eine Praxis, die Achtsamkeit, Klarheit und innere Ruhe fördert. Indem wir Meditation in unseren Alltag integrieren, entwickeln wir ein erhöhtes Selbstbewusstsein und die Fähigkeit, unsere Gedanken und Impulse ohne Bewertung zu beobachten. Diese Selbstbeherrschung legt den Grundstein für verbesserte Selbstdisziplin. Dabei sollten Sie folgende Punkte beachten:

1. Etablieren Sie eine regelmäßige Praxis

Nehmen Sie sich jeden Tag eine festgelegte Zeit für die Meditation vor. Das kann, wie die Affirmationen auch, zum Beispiel morgens während der Morgenroutine geschehen, so dass Sie erst 10 Minuten meditieren, um sich anschließend in Ruhe die Affirmationen vorzusprechen. Eine weitere Möglichkeit ist der Abend, bevor Sie zu Bett gehen. Wenn Sie entspannt sind, schlafen Sie anschließend auch besser. Und wer entspannt ist, hat auch eine höhere Selbstbeherrschung, respektive Selbstdisziplin.

2. Fokussieren Sie sich auf Ihren Atem

Verwenden Sie den Atem als Anker für Ihre Aufmerksamkeit. Wenn unser Geist abschweift, dann können wir unsere Konzentration und Disziplin fördern, wenn wir uns auf den Atem fokussieren. Eine kleine Anleitung zur Atemmeditation finden Sie daher auch weiter vorn im Kapitel „Konzentration und Fokus".

Der Atem ist deshalb so wichtig, weil wir uns in stressigen Situationen unterbewusst oft in die Brustatmung begeben, dabei wäre es viel wichtiger in den Bauch zu atmen. Die Brustatmung bereitet uns früher oder später körperliche Beschwerden, wir fühlen uns eingeengt und beklemmt und sind nicht mehr so leistungsfähig. Dann sind wir auch innerlich unruhig und buchstäblich angespannt. Um selbstdiszipliniert an unseren Zielen zu arbeiten benötigen wir aber eine gewisse innere Ruhe, die uns die Meditation wieder zurückbringen kann.

Das heißt: wann immer Sie merken, dass die Disziplin nachlässt: konzentrieren Sie sich kurz auf Ihren Atem, um anschließend wieder kraftvoll weitermachen zu können.

3. Lassen Sie los

Lernen Sie durch Meditation, Ihre Gedanken und Emotionen zu beobachten, ohne sich in ihnen zu verfangen. Diese Losgelöstheit ermöglicht es Ihnen, bewusste Entscheidungen zu treffen, anstatt impulsiv zu handeln. Wenn uns die Selbstdisziplin abhandengekommen ist, handeln wir eben meist nicht mehr bewusst aus dem Verstand heraus, sondern lassen uns von unseren Gefühlen leiten. Auch erfolgreiche Menschen haben oft den Gedanken „Oh mann, ich habe einfach keine Lust darauf!" – lassen sich aber nicht davon abhalten, die Aufgabe dennoch zu erledigen. Mit etwas Übung in der Meditation schaffen Sie es, sich innerhalb von Sekunden zu konzentrieren und wieder die notwendige Stärke und Selbstdisziplin aufzubringen, die Sie jetzt benötigen.

Tagebuchschreiben / Journaling

Das Führen eines Tagebuchs oder auch Journals ist ein sehr wertvolles Instrument zur Selbstreflektion, Selbstentdeckung und persönliches Wachstum. Indem wir regelmäßig unsere Gedanken, Emotionen und Erfahrungen aufschreiben, gewinnen wir Klarheit, erkennen Muster und fördern so die Selbstdisziplin. Damit das gelingt, können diese drei Tipps dabei helfen, nicht nur stupide Tagesnotizen einzutragen, sondern unseren Zielen wirklich näher zu kommen. Dabei gibt es viele verschiedene Arten von Journalen: Erfolgsjournale, Dankbarkeits- oder auch Achtsamkeitstagebücher. Die folgenden Tipps sollen allgemeingültig für das „klassische" Tagebuchschreiben gelten und legen sich nicht spezifisch auf eine besondere Art des Journals fest.

1. Freies Schreiben

Nehmen Sie sich eine festgelegte Zeit für das Journalschreiben und schreiben Sie frei und ohne Bewertung. Erkunden Sie Ihre Wünsche, Herausforderungen und Fortschritte und schaffen Sie Raum, um sich selbst besser kennenzulernen und zu entdecken. Sie können über Ihre Erfahrungen auf dem bisherigen Weg zu Ihren Wünschen berichten und von den Rückschlägen, die Sie erlitten haben. Schreiben Sie außerdem auf, wie Sie sich dabei gefühlt haben, legen Sie aber Ihr Augenmerk wirklich auf die positiven Dinge und die Schritte, die Sie erfolgreich gemeistert haben. Wenn Sie das Tagebuch zu einem späteren Zeitpunkt in die Hand nehmen und durchblättern, erfahren Sie so, was Sie alles schon geschafft haben. Wir vergessen unsere kleinen und großen Meilensteine leider viel zu oft wieder. In Motivationskrisen oder bei Rückschlägen helfen uns aber genau diese Aufschriebe wieder zurück zum Positiven Denken. Etwas detaillierter dazu der nächste Tipp:

2. Zielsetzung und Verfolgung

Schreiben Sie Ihre Ziele auf und unterteilen Sie sie in handhabbare Schritte. Verfolgen Sie dann regelmäßig Ihren Fortschritt, feiern Sie Erfolge und passen Sie sich (Sie erinnern sich an den kontinuierlichen Verbesserungsprozess) bei Bedarf an. Dieser Prozess fördert ganz besonders die Disziplin und Verantwortlichkeit. Nehmen Sie Ihr Leben selbst in die Hand und seien Sie sich immer wieder bewusst, dass Sie allein die Verantwortung für Ihr Leben haben.

3. Reflexion und Erkenntnisse

Nutzen Sie Ihr Journal oder Tagebuch, um auch über Ihre Handlungen und die Ergebnisse nachzudenken. Ziehen Sie Lehren aus Erfolgen und Rückschlägen und nutzen Sie diese, um Ihre Herangehensweise zu verfeinern und Ihre Selbstdisziplin zu stärken. Dieser Schritt ist besonders wertvoll, denn hier können Sie zum Beispiel auch notieren, was Sie getan haben, nachdem Sie einen Rückschlag erlitten haben und wie Sie diesen gemeistert haben. So merken Sie beim nächsten Mal wesentlich schneller, wie Ihnen geschieht und wie Sie entsprechend gegensteuern können. Im Laufe der Zeit benötigen Sie dazu dann auch wesentlich weniger Selbstdisziplin, da Sie sich immer besser selbst kennenlernen. Auch der Grad an Selbstdisziplin wird deutlich gesteigert.

Glauben

Der Glaube an sich selbst ist ein wesentlicher Aspekt der Selbstdisziplin. Wenn wir an unsere Fähigkeiten glauben und unsere Aufmerksamkeit auf unsere Ziele richten, werden wir entschlossener und widerstandsfähiger. Sie dürfen erkennen, dass Sie die Fähigkeit besitzen zu wachsen, zu lernen und zu erreichen, was Sie sich vornehmen. Dieser Glaube stärkt Ihre Selbstdisziplin! Man könnte auch sagen, dass Sie auf diese Weise ein Potential aktivieren, das bisher unerkannt in Ihnen geschlummert hat. Wenn Sie nun daran glauben, dass Ihnen das auch gelingen wird, was Sie sich vorgenommen haben, dann werden Sie das Ziel – früher oder später – auch erreichen.

Natürlich muss man hier realistisch bleiben. Ich kann im Alter von 30 Jahren noch so sehr daran glauben, ein Profifußballer zu werden – der Zug ist abgefahren. Möglicherweise in der Seniorenmannschaft, okay. Der Glaube an sich darf nicht überschätzt werden. Dennoch wird er von den meisten von uns unterschätzt und zwar deutlich. In der Bibel steht im Markus-Evangelium der schöne Satz: „Alle Dinge sind möglich dem, der da glaubt.". Angeblich sagt Jesus dies zu einem Mann, der ihn bittet, seinen Sohn von einer schrecklichen Krankheit zu heilen, sofern Jesus das denn könne. Dieser entgegnete darauf, dass es hier nicht um das Können gehe, sondern um den festen Glauben daran, dass das Kind gesund wird. Wie bereits gesagt ist natürlich nicht immer ALLES möglich, das lehrt uns die menschliche Erfahrung, aber dennoch gibt der Glaube sich nicht damit zufrieden, dass die Dinge nun einmal so sind, wie sie sind. Oft ist eben doch wesentlich mehr möglich, als man zunächst meint! Und weil dieser Satz eine so wunderbar kräftige Wirkung hat, wird er auch gern als Tauf- oder Konfirmationsspruch ausgewählt. Ich beende meine Affirmationen zum Erreichen meiner persönlichen Ziele gerne mit dem Satz „den ich trage alles, was ich dazu benötige in mir – genau wie jeder andere Mensch auf der Erde auch!". Was ich mir damit mitgeben möchte ist der Glaube, dass ich – so wie erfolgreiche Menschen und andere Größen, die ich bewundere, auch alle Voraussetzungen in mir trage, um das zu erreichen, was ich mir vorgenommen habe. Und dass diese Menschen lediglich mehr Selbstdisziplin und Durchhaltevermögen besitzen. Ein reicher Mensch wird oder bleibt nicht reich, wenn er sich den ganzen Tag auf das Sofa setzen würde und faulenzt. Vielleicht wollen Sie sich auch als erinnerungsstütze ein Armband oder einen Schlüsselanhänger zulegen, mit den berühmten Kürzeln „W-W-J-T". Die Abkürzung für das englische „Was würde Jesus tun?". Alternativ können Sie natürlich auch jeden anderen beliebigen motivierenden Namen einsetzen. Und wenn Sie den Glauben an sich gerade verloren haben, dann schauen Sie dieses Armband oder den Anhänger an und fragen sich, was Ihnen dieser Mensch jetzt raten würde. Sie können sich sicher sein, er würde auf jeden Fall fest an Sie glauben!

Fokus und Konzentration

Zu guter Letzt sollten Sie Ihren Fokus auf die Ziele gerichtet halten, die Sie anstreben. Ganz wichtig ist hier, äußere Ablenkungen zu identifizieren und minimieren, da diese unseren Fokus beeinträchtigen. Schaffen Sie sich eine Umgebung, die der Konzentration förderlich ist und widmen Sie sich eine bestimmte Zeit ohne Unterbrechungen den wichtigsten Aufgaben.

Helfen kann es, wenn Sie große Ziele in kleinere, handhabbarere Aufgaben unterteilen. Jetzt können Sie diese nach ihrer Bedeutung priorisieren und sie nacheinander bearbeiten. Diese Herangehensweise hilft nochmals stärker, den Fokus aufrechtzuerhalten und eine Überforderung zu vermeiden. Weitere Tipps dazu erhalten Sie weiter vorn im Kapitel zum Umgang mit To Do-Listen. Die dort angesprochene „Variante 2: Die drei perfekten To Do-Listen" ist genau hierfür optimal geeignet!

Als Fazit möchte ich Ihnen abschließend mitgeben, dass Selbstdisziplin eine Fähigkeit ist, die durch konsequente Übung entwickelt und gestärkt werden kann. Indem wir Affirmationen, Meditation, Tagebuchschreiben, Glauben und den Fokus in unser Leben integrieren, festigen wir unsere Fähigkeit, engagiert zu bleiben, Hindernisse zu überwinden und den Weg zum Erfolg zu meistern. Nutzen Sie diese Praktiken mit ganzer Hingabe und beobachten Sie, wie die Selbstdisziplin zu einem integralen Bestandteil Ihrer persönlichen Reise zur Erfüllung und Zielerreichung wird.

Motivierende Zitate

Auch für das Durchhalten möchte ich Ihnen motivierende Zitate auf den Weg geben. Oft hangelt man sich durch die Weiten des Internets, in der Hoffnung, auf den ein oder anderen klugen

Spruch zu treffen, der einem genau jetzt, just in diesem Moment die Stütze ist, die man so dringend braucht.

Die vorliegende Auswahl ist, jedes Zitat für sich, eine kleine Sammlung meiner ganz persönlichen Durchhalte-Parolen.

Nutzen auch Sie diese Weisheiten – und am besten suchen Sie sich den einen Spruch für Sie aus, den einen, der genau zu der jetzigen Situation für Sie zugeschnitten ist – drucken diesen aus und stecken sich diesen in den Geldbeutel, in die Handyhülle, kleben Sie ihn an den Rand Ihres PC-Bildschirms oder klemmen Sie sich den Spruch auf eine gelbe Haftnotiz geschrieben unter die Sonnenblende im Auto!

"Hindernisse sollten Dich nicht aufhalten. Wenn Du gegen eine Wand läufst, dreh Dich nicht um, gib nicht auf. Finde heraus wie Du darüber klettern, hindurchgehen oder außenrum gehen kannst."
Michael Jordan

„Nicht die Menschen, die immer gewinnen sind die stärksten, sondern die die niemals aufgeben."
Unbekannt

„Ehrgeiz ist die Fähigkeit, die Träume real werden lässt."
Niklas Gennen

„Es gibt mehr Leute, die kapitulieren, als solche, die scheitern."
Henry Ford

„In dem Moment, in dem du am Aufgeben bist, denk daran, warum du so viel gegeben hast."
Fernando Torres

„Kontinuierliche Anstrengung – nicht Kraft oder Intelligenz – ist der Schlüssel, um Dein Potential freizusetzen."
Liane Cardes

„Mach es wie die Briefmarke. Sie sichert sich den Erfolg durch die Fähigkeit an einer Sache festzuhalten bis sie ankommt."
Josh Billings
„Wir sind das, was wir wiederholt tun. Vorzüglichkeit ist daher keine Handlung, sondern eine Gewohnheit."
Aristoteles

„Wer einen Misserfolg nur als kleinen Umweg betrachtet, verliert nie sein Ziel aus den Augen."
Martin Luther

"Ich habe in meiner Karriere 9000 Würfe daneben geworfen. Ich habe fast 300 Spiele verloren. 26 mal wurde mir der alles entscheidende Wurf anvertraut – und ich habe ihn verfehlt. Ich habe immer und immer wieder versagt in meinem Leben, und daher war ich so erfolgreich."
Michael Jordan

„Glaube, dass du kannst und du bist schon halb dort."
Greg Plitt

„Die Kunst ist, einmal mehr aufzustehen, als man umgeworfen wird."
Winston Churchill

„Mit Fleiß, mit Mut und festem Willen lässt jeder Wunsch sich endlich stillen."
Novalis

„Unsere Körper sind unsere Gärten – unsere Willenskraft ist unser Gärtner."
William Shakespeare

„Entweder werden wir einen Weg finden oder wir machen einen!"
Hannibal

„Gefühl von Grenze darf nicht heißen: hier bist du zu Ende, sondern: hier hast du noch zu wachsen."
Emil Gött

„Was du heute denkst, wirst du morgen tun."
Leo Tolstoi

„Talent, das ist Glaube an sich selbst, an die eigene Kraft."
Maxim Gorki

„Fehler sind das Tor zu neuen Entdeckungen."
James Joyce

„Der Glaube an unsere Kraft kann sie ins unendliche verstärken."
Friedrich von Schlegel

„Nicht der Wille ist der Antrieb unseres Handelns, sondern unsere Vorstellungskraft."
Émile Coué

WENN NICHTS MEHR GEHT...

Tipps, Tricks und Weisheiten... das ist alles schön und gut, aber was ist, wenn er da ist, der Moment, an dem wirklich nichts mehr geht? Im letzten Kapitel möchte ich Ihnen mein ganz persönliches Fazit der bisher beschriebenen Methoden schildern und mein ganz eigenes, einfaches Geheimrezept verraten.

Zuerst natürlich die harte Tatsache: ich kenne diesen Moment, an dem man wirklich nicht mehr weiterweiß, und erlebe ihn auf verschiedenen Ebenen des Lebens auch immer noch wieder und wieder.

Auch die Themen Depression und Panikattacken sind für mich leider nicht ganz fremd. Jetzt gibt es zu diesen Zuständen im Allgemeinen verschiedenste Gründe, auf die ich nicht näher eingehen möchte, aus Mangel an Fachwissen. Ich kann Ihnen nur mitgeben, dass Sie sich DRINGEND fachliche Hilfe und Unterstützung suchen sollten, wenn Sie ansatzweise von diesen Leiden betroffen sind. Ja, wir leben in Deutschland in einer etwas verqueren Welt, was unsere Denkweise angeht und so darf ich immer und immer wieder miterleben, wie Menschen, die teilweise hoch depressiv sind und sich dieser Tatsache auch bewusst sind, zwar helfen lassen wollen – es darf aber am besten nichts kosten oder soll vom Arbeitgeber bezahlt werden, alternativ der Krankenkasse.

Ich habe eine Therapie gemacht.

Und ich habe sie selbst bezahlt, egal wie eng es im Geldbeutel war. Weil ich es mir Wert bin. Mittlerweile ist die Therapie abgeschlossen, und es gibt Bekannte, die haben zeitgleich mit mir begonnen, einen Therapeuten zu suchen und bis heute keine wirkliche Therapie angefangen. Erstgespräche geführt, ohne große Ergebnisse. Nennen Sie mich intolerant oder ohne Verständnis, aber auch das gehört in meinen Augen dazu: mit so etwas überhaupt zu Beginnen. Das heißt jetzt nicht, dass es mir perfekt geht, ich von allen „Leiden" geheilt bin (wobei ich tatsächlich nie wieder eine wirkliche Panikattacke hatte, ich erinnere mich an ein einziges Mal), aber es geht mir deutlich besser, die komplette innere Einstellung hat sich geändert.

Und trotzdem gibt es sie: die ganz fiesen Rückschläge. In einem vorherigen Kapitel schrieb ich über Rückschläge, und welche allgemeinen Tipps ich persönlich dazu geben kann. Die stimmen auch so weit. Aber manchmal helfen alle Tipps nichts. Dann sitzt man da, weiß eigentlich genau, was zu tun ist, und kriegt es einfach nicht hin. Daher möchte ich Ihnen hier noch meine ganz persönliche Strategie vorstellen, wie ich selbst damit umgehe.

Die erste wirklich wichtige Erkenntnis, die Sie dann haben sollten, wenn Sie etwas begonnen haben und dann durchhalten und mitten drin gefühlt zehn Schritte zurück gemacht haben oder geworfen wurden: das – ist – normal.

Rückschritte gehören zum Durchhalten dazu.

Wer sich das immer und immer wieder verinnerlicht, wird von einem Rückschlag nicht mehr so hart getroffen sein. Das heißt nicht, dass Sie fröhlich weiter machen, wie bisher – ein Rückschlag bedeutet im Klartext: Sie sind ziemlich sicher wütend. Auf sich selbst. Enttäuscht. Dass Sie schwach geworden sind. Aufgegeben haben. Sich nicht an Ihre Regeln gehalten haben. Ob Sie Ihre Ernährung umgestellt haben und plötzlich auf dem nächsten Geburtstag eine Fastfoodorgie genossen haben, weil es im Job gerade so anstrengend ist und Sie einfach keine Kraft mehr hatten. Oder Sie waren eine Woche auf Reisen und konnten Ihre Routinen nicht mehr durchführen. Egal, was passiert ist: Rückschläge holen Sie grundsätzlich immer ein, wenn Sie unter Dauerfeuer oder besonders großem Druck stehen. Wenn wir entspannt sind und das Leben in Ruhe leben können – wunderbar. Dann mag eine stressige Situation auftreten und Sie sind stolz und glücklich, dass Sie dieses Mal anders reagiert haben. Sie haben sich keine Frustpizza beim Lieferdienst bestellt, haben den Sport nicht ausfallen lassen oder sind trotzdem früh aufgestanden, um Ihrer neuen

Morgenroutine nachzugehen. Also denken Sie „Super, das habe ich ja schon ganz gut hingekriegt!". Wenn dann aber noch eine stressige Situation dazu kommt und dann noch eins oben drauf und dann NOCH etwas passiert – dann wird es irgendwann kritisch. Dann hören Sie auf, auf sich zu achten, überhören mit schlechtem Gewissen die Signale, die sie eigentlich versuchen zu warnen und BÄMM – holt Sie die alte Gewohnheit wieder ein! Und jetzt haben Sie das schlechte Gewissen! Mein Rat an der Stelle: seien Sie nun besonders geduldig mit sich selbst, und versuchen Sie, die Anzeichen das nächste Mal früher zu erkennen und vor allem: nicht zu ignorieren. Dann ist die Wahrscheinlichkeit, dass es zu einem solchen Rückfall kommt, wesentlich geringer. Wenn Sie also das nächste Mal unter Druck geraten und das spüren: versuchen Sie, sofort den Druck rauszunehmen – machen Sie noch am selben Abend etwas dagegen. Tun Sie etwas Gutes für sich und versuchen Sie, Ihre Akkus aufzufüllen. Und Sie werden sehen: die Rückfälle werden immer weniger und es wird Ihnen auch immer leichter fallen, diese zu akzeptieren.

Es gibt da ein sehr schönes bildhaftes Beispiel, das ich Ihnen erzählen möchte: stellen Sie sich ein Glas Wasser vor. Vor Ihnen steht einfach nur ein Glas Wasser. Das Wasser steht beispielhaft für Ihr Leben. Jetzt nehmen Sie einen Teelöffel Dreck und rühren diesen in Ihr Wasserglas. Das Wasser wird trübe und schmutzig, kleine und große Brocken schwimmen darin herum. Der Dreck steht stellvertretend für den buchstäblichen Mist, der sich ab und zu in Ihr Leben schleicht. Manchmal wird er auch unerwartet von anderen Menschen in Ihr Leben gekippt, das kommt vor. Und jetzt versuchen Sie erst einmal, den Dreck aus diesem Glas zu bekommen, den Mist aus Ihrem Leben. Sie nehmen also den Löffel und versuchen, den Dreck aus dem Glas zu fischen. Sie fischen und sammeln, die kleinen und die großen Brocken und merken recht schnell, dass das Wasser einfach nicht klarer werden will und vor allem wird es immer leerer, je mehr Sie versuchen, den Dreck herauszufischen. Mit jedem Dreckbrösel geht Wasser verloren und irgendwann geben Sie verzweifelt auf. Die Lösung ist recht simpel: Sie holen sich einen Krug mit klarem

Wasser und beginnen, das Wasser in das Glas zu kippen. Langsam, aber stetig, bis das Glas überläuft. Wenn Sie jetzt immer mehr Wasser in das Glas kippen werden Sie schnell feststellen, dass der ganze Dreck und Mist aus dem Glas verschwinden. Und nach kurzer Zeit: haben Sie wieder ein volles Glas mit klarem, frischem Wasser.

Das Wasser in dem Krug, das sind die guten Dinge, die Sie in Ihrem Leben tun und erleben. Die Sie für SICH tun. SIE sorgen mit gutem Verhalten dafür, dass sich Ihr Glas wieder fühlt. Mit guter Energie, mit positiven Gedanken, mit wunderbaren Erlebnissen. Das sind die Dinge, die Ihnen einfach nur guttun. Sport, gesundes Essen, Freunde, schöne Erlebnisse. Und dann ist es nicht mehr so katastrophal, wenn mal wieder auf irgendeine Art und Weise Dreck in Ihrem Leben landet.

Natürlich ist das alles nicht ganz so einfach, wie ich es jetzt hier schreibe, ich bin auch kein Therapeut und wir sind alle sehr unterschiedlich, aber vielleicht helfen Ihnen diese Gedanken ein wenig im Allgemeinen.

Zurück zum eigentlichen Thema. Was das Beginnen betrifft: mit dem Beginnen hatte ich persönlich noch nie große Probleme, das fällt mir wirklich leicht. Ich habe eine Idee, ich möchte etwas Neues ausprobieren: nichts leichter als das, gesagt, getan! Ich bin deshalb so motiviert, etwas Neues möglichst schnell umzusetzen, weil ich das eine besonders effiziente Art finde. Wenn ich ewig darauf warte, mit einem neuen Hobby anzufangen oder eine Geschäftsidee auszuprobieren, dann weiß ich, wird es noch ewig dauern oder – wenn es ganz schlecht läuft – gar nicht mehr stattfinden, weil man zu lange gewartet hat. Also: lieber gleich ausprobieren, dann weiß man, woran man ist und macht sich nicht noch ewig Gedanken darüber. Ich kann mir die Energie und Kraft sparen, über etwas nachzudenken, wenn ich möglichst frühzeitig erkennen, ob es überhaupt SINN macht, die Gedanken zu verschwenden! Das heißt nicht, dass ich Hals über Kopf durch das Leben renne und immer sofort alles und am besten auf der Stelle haben oder können muss. Im Gegenteil, natürlich wird darüber nachgedacht, aber es geht vor allem darum, mit etwas **anzufangen**. Manchmal ist zu viel Nachdenken dann auch hinderlich und man sollte einfach mal nur machen. Wenn es gut wird, wunderbar! Wenn es nicht so gut läuft, dann kann man entweder nachjustieren oder sich immer noch entscheiden, das Ganze bleiben zu lassen, aber dann hat man es wenigstens versucht.

Ich erlebe in der heutigen Zeit immer mehr Menschen, die zögern. Die Angst haben, etwas auszuprobieren. Manchmal fühlt man sich dann sehr, sehr einsam, besonders wenn man so „alt" ist wie ich. Aktuell 44 ist zwar noch in Ordnung, aber ich bin mir sicher, ich werde mich in dieser Hinsicht auch nicht mehr wirklich ändern.

Und wenn man dann einmal mit etwas angefangen hat, ist das sowieso keine Garantie, dass alles nun so bleibt, wie man sich das gedacht hat.

Mich selbst motiviert oft – was gibt es Schöneres für einen Menschen – meine eigene Geschichte: Bibliothekswesen studiert, gearbeitet als IT-Beraterin für Dokumentenmanagement-systeme, weitergebildet zum Ordnungscoach und anschließend zum Professional Organizer. Und Jahre später eröffnet sich das für mich ganz neue Berufsfeld des YouTube-Creators, respektive Content Creators. Gerade im letzten Fall ist es so richtig schön klassisch anzusehen, wie geschätzte Geschäftspartner reagieren: „Ich habe einen YouTube-Kanal." – „Ach ja! Ich muss auch driiiingend mehr mit Social Media machen!" … ich denke dann immer nur: „Ja… dann mach doch und red' nicht nur drüber." Denn gerade in diesem Bereich muss man sich nichts vormachen: hier braucht man wirklich mehr als nur einen langen Atem. Sowohl der Beruf des Ordnungscoaches, als auch der des Content Creators haben zumindest in Deutschland keine eigene Berufsausbildung. Wenn Sie hier darauf warten, dass Ihnen irgendjemand diese Berufe beibringt, dann können Sie lange warten. Sie haben nur eine Wahl: einfach machen. Das zeigt mir immer wieder, ich habe ganz ursprünglich mit irgendetwas angefangen und bin über die Jahrzehnte ganz woanders gelandet. Ich HÄTTE auch einfach in einer Bibliothek arbeiten können, dann wäre ich jetzt da, wo ich vor 20 Jahren aufgehört habe zu studieren, aber irgendwie… naja… hätte ich mich wahrscheinlich mein Leben lang gefragt, ob ich nicht mal „was Neues" ausprobieren sollte. Also schauen Sie sich doch ab und zu mal Ihre eigene Geschichte an, wenn Sie schon so einiges erlebt haben und erinnern Sie sich an die Momente, in denen Sie mutig etwas Neues in Angriff genommen hatten. Dann fällt Ihnen das Beginnen vielleicht etwas leichter.

Eine weitere Motivation für mich selbst ist diese simple Tatsache:

Wenn Du Dinge in deinem Leben erreichen willst, die Du noch nie erreicht hast, dann musst du auch Dinge tun, die Du noch nie getan hast.

So einfach ist das.

Viele Menschen träumen davon, irgendwann reich und / oder berühmt zu sein. Zumindest sehr wohlhabend. Sie sind aber nicht bereit, etwas an sich zu ändern, an ihren Gewohnheiten und ihrer Person. Ja, wie soll sich denn Ihr Leben zu dem entwickeln, das Sie haben wollen, wenn Sie so weiterleben, wie bisher? Da muss dann wirklich ein Wunder geschehen und selbst dann – welches Wunder soll es denn sein? Der Klassiker ist, dass Sie sich wünschen, Sie würden im Lotto gewinnen – gehen aber nur ein Mal im Jahr Lotto spielen. WIE wollen Sie denn dann im Lotto gewinnen?

Wenn ich mein Leben ändern möchte, dann muss ich MICH ändern. Andere Verhaltensweisen erzielen andere Ergebnisse. Wenn ich alt werden möchte und Gesundheit das höchste Gut ist – dann muss ich mich JETZT darum kümmern. Ich muss JETZT anfangen, Sport zu treiben und mich gesund ernähren. Und das am besten sofort.

Oft scheitern die Menschen hier im ersten Schritt, indem Sie vor lauter Überauswahl gar nicht wissen, wo Sie eigentlich anfangen sollen. Welchen Schritt sie als erstes gehen sollen. Auch ich stand unzählige Male vor dieser gefühlten Trilliarde an Möglichkeiten. Wichtig ist dann nur eines: Fokus und Konzentration. Sie sammeln sich, Sie sammeln die ganzen Aufgaben, ich persönlich schreibe dann ein großes DIN A3-Blatt einfach nur voll. Ich schreibe auf, was ich alles will, welche Ideen ich habe, was ich umsetzen möchte. Einfach alles. Und dann wird durchgeatmet und geschaut: welche Aufgaben sind schnell umsetzbar, welche sind wichtig? Schnell umsetzbare Aufgaben haben den Vorteil, dass man schnell ein erstes Erfolgserlebnis hat, was motiviert. Das Problem ist, wenn die schnell umsetzbaren Aufgaben alle nicht wichtig sind; also sollte man hier versuchen, ein gesundes Mittelmaß zu finden. Die Mischung macht's!

Anschließend sollten Sie somit einen ansatzweisen halbwegs realistischen Fahrplan vor sich liegen haben und dann konzentrieren Sie sich. Und priorisieren. Entscheiden Sie, welche Aufgaben Sie in welcher Reihenfolge erledigen wollen. Sie fokussieren sich völlig auf diese eine oder zwei Aufgaben, die dann noch übrigbleiben. Und dann fangen Sie damit an, nicht mit fünf Aufgaben gleichzeitig. Sie erinnern sich dunkel: kein Multitasking!

So viel zum Beginnen.

Das Durchhalten ist für mich selbst die wesentlich schwierigere Hürde, denn es liegt in der Natur der Sache, dass dieser Prozess länger dauert als das Beginnen.

Und Durchhalten, das kann ich nun wirklich sagen, ist definitiv schwer. Vor allem mit dem Wissen im Hinterkopf, dass es Projekte oder Lebensphasen gibt, bei denen man den Ausgang nicht kennt.

Möchte ich bei einem Marathon teilnehmen, dann trainiere ich lange vorher. Ich habe aber ein Zieldatum, ich weiß, worauf ich trainiere und dann kann ich mich in Zeiten, in denen die Motivation fehlt immer noch irgendwie aufraffen, durchzuhalten, denn ich weiß ja, es gibt einen Endzeitpunkt. Bis hierhin und dann ist es geschafft.

Es gibt aber auch Projekte, da haben Sie eine völlige Ungewissheit. Mein persönlichstes Durchhalteprojekt ist derzeit mein YouTube-Kanal. Heute, am 20. Juni 2023, habe ich 4.181 Abonnenten. Gestartet hatte ich den Kanal am 02. April 2020, also vor über drei Jahren. Im Jahr 2020 veröffentlichte ich zwei Videos. Das Ganze startete also eher so Just for fun. Im Jahr 2021, das heftigste Corona-Jahr, begann ich mit fast wöchentlichen Video-Uploads, was ich bis Mai 2022 durchhielt. Dann hatte ich durch eine persönliche Krise bedingt wirklich keinen Elan mehr für diese Videos, die ohnehin nur wenige Aufrufe, meist so um die 100 bis 150 Aufrufe schafften. So stellte ich die Videoproduktion ein und startete erst wieder im November 2022, dann aber mit einem neuen Konzept und neuen Themen. Mittlerweile hatte ich ja etwas Erfahrung gesammelt, also konnte es frisch mit neuer Energie weitergehen. Ich hatte Ende Dezember 2022 knappe 350 Abonnenten, mein bestes Video hatte damals ca. 7.000 Aufrufe, die anderen Videos waren fast nicht der Rede wert. Und dann kam dieses eine Video. Ich drehte völlig unvorbereitet das Video „Endlich aufgeräumt leben – in 5 Schritten", es war einfach nur der Kursinhalt, den ich all die Jahre zuvor in Volkshochschule rund um Stuttgart gelehrt hatte. Lean Management im Haushalt. Das Einstelldatum war der 19. Dezember 2022, also kurz vor Weihnachten. Und ich erinnere mich noch genau, wie ich an Weihnachten bei meinen Eltern zu Besuch war und irgendwann Nachrichten bekam, dass jemand einen Kommentar dagelassen hatte. Und noch einen. Und noch einen. Bis Silvester hatte ich fast 800 Abonnenten, das Video kletterte stündlich nach oben, ich saß fast nur noch am Handy und aktualisierte die Zahlen. Anfang Januar berichtete ich den Kollegen in meinem Business-Netzwerk: „Ich habe schon 900 Abonnenten und freue mich, wenn ich Ende Januar die 1000 geknackt habe!". Es dauerte keine zwei Tage. Sprunghaft stiegen die Zahlen der anderen Videos an und heute bin ich schon stolz über das kleine Zwischenziel mit 4.000 Abonnenten.

YouTube ist learning by doing. Hätte ich damals, im Jahr 2021 aufgehört, Videos online zu stellen, wäre dieser Erfolg nie eingetreten. Und vor allem hat mir dieser Swoosh gezeigt, was möglich ist und noch viel wichtiger, DASS es möglich ist! Nahezu von heute auf morgen änderte sich mein berufliches Ziel komplett. Wollte ich Ende 2022 noch High Level Organizer für die besonders anspruchsvollen Kunden werden hat sich dieses Ziel definitiv geändert. Ich habe erfahren, wie wertvoll meine Tipps und Tricks sind, dass die Menschen in den Videos wirklich Dinge lernen und vor allem: dass es ihr Leben besser macht! Bei jedem einzelnen Kommentar freue ich mich mit und lasse mich bestärken, dass der Weg, den ich gehe, der Richtige ist. Mittlerweile gehört das Skripten, Drehen und Schneiden von Videos zu meinem Alltag. Es macht unheimlich Spaß, ist natürlich mit viel Arbeit verbunden, aber jedes Video ist einzigartig und eine neue Herausforderung.

Und trotzdem: natürlich ist das erst der Anfang, aber: wie lange muss ich jetzt noch durchhalten, bis das nächste gute Video von YouTubes Algorithmus, beziehungsweise von den Zuschauern, entdeckt wird? Diese Frage kann Ihnen niemand beantworten und ich mir auch nicht. Es kann sein, dass das nächste Video ein völliger Flop wird. Oder ein absoluter Renner. In diesem Business wissen Sie das nie. Was Sie aber wissen und gebetsmühlenartig von erfolgreichen Content Creatorn gepredigt bekommen: es braucht Zeit und harte Arbeit, um einen erfolgreichen YouTube-Kanal aufzubauen.

Manchmal bin ich völlig verzweifelt, wenn Kundenaufträge kurzfristig verschoben werden oder die Videos nicht so gut ankommen, wie man denkt und die Werbeeinnahmen sinken. Es gibt Tage, da frage auch ich mich, wie ich das noch schaffen soll.

Zu meinem Beruf als Organizer und YouTuberin bin ich noch dazu halb-alleinerziehende Mutter von zwei Kindern im Wechselmodell. Ich lebe in der (Danke an Berlin und Frankfurt, die uns Januar 2023 überholt haben) viert-teuersten Stadt Deutschlands. Selbstständig und manchmal am Rande des Nervenzusammenbruchs. Ja! Wenn Sie dann noch eine Herausforderung zu stemmen haben (Nummer Eins unangefochten: Ärger mit dem Finanzamt!), dann können Sie irgendwann nicht mehr. Sie wollen einfach nur noch alles hinwerfen. „Ich schmeiß alles hin und lass mich anstellen!" geht mir in so Momenten durch den Kopf. Und dann? Was mit all den Menschen, die mittlerweile auf die Videos warten? Meine Kunden, die ihre Leben wieder in den Griff gekriegt haben? „Entschuldigen Sie, ich hab' mir jetzt ‚nen Job gesucht, war mir zu anstrengend.". Nein danke! Natürlich trage ich die Verantwortung für mich selbst. Aber wenn Sie Kundenrezensionen erhalten oder Videokommentare, in denen die Menschen schreiben, dass sie dank Ihnen endlich wieder den Weg zurück ins Leben gefunden haben: DAS ist mein Antrieb! Ich möchte den Menschen helfen, mit Hilfe von Ordnung und guter Organisation ihr Leben wieder in den Griff zu kriegen. Das Leben lebenswert zu machen. Ich verkaufe keine Ordnungsboxen und helfe Ihnen nicht einfach nur, Ihren Kleiderschrank auszumisten. Wir trennen uns gemeinsam von Ihren Erinnerungen, ich motiviere, höre zu, bin da für die Menschen. Und wenn es besonders hart wird – wer ist für mich da? Im Prinzip niemand, denn der Job bringt es mit sich, dass sie mehr oder weniger im Verborgenen ihr eigenes Leben führen. Aber auch ich muss manchmal motiviert werden, wenn die Eigenmotivation einfach dahin ist. Weil eben wieder einmal ein Brief vom Finanzamt kam. Oder etwas anderes Einschneidendes passiert ist. Und dann soll ich aufgeben?

Nur, weil ich nicht durchhalten kann? Und ich mir damit die Zukunft verbauen würde, die ich mir wünsche?

NEVER EVER!

Und deshalb kämpfe auch ich, wenn es gar nicht weiter geht und mache eines: mich konzentrieren.

Der aufmerksame Leser wird jetzt feststellen: „Moment, das hat sie doch vorhin schon geschrieben." – weil es richtig ist. Und das ist mein persönliches, kleines Geheimrezept (das eigentlich gar keins ist und schon gar nicht geheim):

F O K U S.

Augen zu und durch.

Sich wirklich, WIRKLICH konzentrieren auf das, was wichtig ist. Und wenn es nur jetzt gerade in diesem Moment wichtig ist, um weiter zu kommen. Seine Ziele runterbrechen auf viele kleine Schritte. Denn nur so kommt man in diesen Momenten voran. Sich über die kleinsten Erfolge freuen und sich davon tragen lassen.

Ob die ganze Geschichte gut ausgeht, wissen Sie leider erst hinterher. Auch ich weiß nicht, ob ich in einem Jahr mein Ziel erreicht habe – oder mich doch davon verabschieden kann. Wer weiß das schon? Dennoch bin ich gerade in der heutigen Zeit mehr denn je überzeugt: wer hart arbeitet (was nicht unweigerlich stressig sein muss oder zum Burnout führen muss!) und die Geduld nicht verliert, der wird am Ende auch belohnt werden. Ich glaube daran. Auch bei diesem Buch gab es Momente in denen ich dachte: „Das wird doch NIE fertig." Die Farce ist: Das erste Kapitel, über das Beginnen, war recht schnell geschrieben. Und dann sollte das Kapitel über das Durchhalten folgen. Nun ja. Ich hatte da so ein bis zwei persönliche Themen und dachte mir, wenn ich da nur lang genug durchhalte, dann habe ich auch etwas Positives, von dem ich berichten kann. Sagen wir es mal so: ja, es endete alles positiv. Aber bei Weitem nicht so, wie ich mir das am Anfang gedacht hatte.

Ganz persönlich möchte ich Ihnen daher folgendes auf den Weg mitgeben: auch wenn ich Sie nicht kennen mag, ich glaube an SIE. Ich glaube, dass Sie das schaffen werden, was Sie sich vorgenommen haben, wenn Sie denn nur durchhalten. Geben Sie nicht auf! Sie können das schaffen! Sie dürfen den Glauben an sich nicht verlieren, denn wenn SIE nicht an sich glauben, wie sollen wir Sie denn dann unterstützen? Wir würden ja! Ich, Ihre Freunde und Familie, wir wollen Ihnen so gerne beim Durchhalten helfen! Aber den Weg gehen müssen Sie selbst und an sich glauben eben auch. Keine leere Floskel sondern ein Mut machendes: Sie kriegen das hin, ich weiß das!

(In der Zwischenzeit können Sie ja meinen YouTube-Kanal abonnieren, sofern Sie das nicht schon längst erledigt haben ;-))

DANKE

Ein Buch zu schreiben ist so eine Sache. Vor allem, wenn es etwas länger dauert. Geduldig haben mich viele Menschen auf dem Weg dabei unterstützt, manche wissentlich, manche eher durch Zufall. Ob es das aktive Mut machen war, oder das Liefern einen netten kleinen Seitengeschichte. Manchmal waren es auch Momente, die mich Kraft gekostet haben, die mir gleichzeitig aber viele wichtigen Erkenntnisse geliefert haben, die ich für dieses Buch benötigte. Von all diesen Menschen gibt es allerdings einige besondere Personen, bei denen ich mich bedanken möchte.

Zu aller erst: Ellen.
Danke. Du bist aus dem Nichts aufgetaucht – genau zum richtigen Zeitpunkt in meinem Leben. Bis heute hörst du mir zu, manchmal immer und immer wieder dieselbe Geschichte, aber du gibst mir das Gefühl, auf dem richtigen Weg zu sein und wirst nicht müde, mir gut zuzureden und mich zum Weitermachen zu motivieren. Und auch wenn ich deiner Meinung nach falsch abgebogen bin, sagst du das ehrlich und direkt. Ich wünschte, jeder hätte in seinem Leben so eine Person!

Bedanken möchte ich mich auch bei Dirk. Dein Elan, deine Lebensfreude und die Theken-Gespräche beim Grappa-Italiener sind unbezahlbar – ich bin so freakin' gespannt, was aus den ganzen Ideen wird und freue mich echt auf die gemeinsamen Unternehmungen mit Dir, allen voran unseren Podcast!

Markus, du hast mich immer unterstützt und mich etwas unfreiwillig auf manche sehr holprigen Pfade geschickt. It builds character. Danke, dass du an meine Arbeit und mich glaubst! Ohne dich wäre ich heute nicht da, wo ich jetzt bin.

Manche gehen zum Arzt, wenn Sie Visionen haben, ich war bei Peter. Meinen innerlichsten Dank, ich kann es gar nicht in Worte fassen. Du hast von Anfang an an mich geglaubt und unterstützt. Gefördert und wirklich, wirklich weitergebracht. Du hältst meine Visionen nicht für Spinnereien und ich möchte jeder Frau, die sich nur ansatzweise unsicher ist, ob das, was sie macht richtig ist oder sie voran bringt raten, sich dringend mit Peter zu unterhalten. Ihr könnt ihn finden und buchen unter https://www.peterbraun.coach/. Dank Peter haben wir sämtliche Varianten erörtert, die mir durch den Kopf spukten und ich habe sehr, sehr viel gelernt. Über mich, über meine Möglichkeiten und über die Dinge, die wohl besser in der Kiste bleiben. Es war harte Arbeit, aber es hat sich gelohnt! Wieder einen Schritt weiter freue ich mich sehr, dass du mir auch weiterhin als wertvoller Berater zur Seite stehst!

Außerdem ganz wichtig: Heinrich „DaMan". Vor über zwanzig Jahren kennengelernt, dann aus den Augen verloren und Jahre später wieder zusammengefunden, als ob es keine 20 Jahre Pause gegeben hätte: du bist ein harter Kritiker, immer ein „Bedenke!" im Repertoire, aber ab und zu braucht man das eben auch.

Ein riesen Dank auch an Andy Kemmner von der Kemmner Logistik für den Titel dieses Buches! Beim Universum bestellt und zwei Stunden später geliefert – was kann man von einem Top Spediteur sonst anderes erwarten!

Dann wären da noch in wilder durcheinander gewürfelter Reihenfolge: meine Eltern, Achim Lesnisse, Kerstin Meyer, Jörg Ballschmiter, Oliver Tuma, Michael Lier und Toni Castro. Ich danke euch allen für eure Unterstützung, die zahlreichen Sprachnachrichten, die guten Worte, wenn es eng wurde und den Zuspruch, wenn ich gezweifelt habe, ob ich wirklich auf dem richtigen Weg bin. Menschen wie euch verdankt man das Durchhalten!

Und ohne euch wäre dieses Buch nicht fertig geworden:
Meine Fans. Meine Kunden, Abonnenten, Follower, Kanalmitglieder – für euch stehe ich morgens auf. Meine Mission ist es, euch jeden Tag ein bisschen schöner zu machen. Euch zu helfen, sich besser zu organisieren und mit ein bisschen mehr Ordnung den Stress aus eurem Alltag zu holen, denn wie wir alle wissen: Ordnung ist das halbe Leben! Ich will für euch da sein

und euch unterstützen. Ohne euch könnte ich diesen Traumberuf nicht verwirklichen! Ich bin so unendlich dankbar, dass ich euch helfen kann – und erst jetzt verstehe ich, was diese Worte wirklich bedeuten. Hoffen wir, dass ich euch gerecht werden kann und weiterhin so gut begleiten kann, wie in den letzten sieben Jahren. I'll do my best!

Zu guter Letzt möchte ich mich bei meinen Kindern bedanken, wenn Sie dieses Buch irgendwann mal möglicherweise selbst lesen werden. Mütter sind ja immer so furchtbar klug… Ihr zwei zeigt mir immer wieder, wie unterschiedlich wir Menschen sein können und wie wichtig es ist, nicht einfach aufzugeben, nur weil dass manchmal vielleicht der einfachere Weg ist. Ich liebe euch und bin unendlich dankbar, dass ihr Teil meines Lebens seid!

INDEX

Foto: privat

Als Erstes von vier Kindern in einer Großfamilie aufgewachsen, lernte Angela Ludwig noch von ihrer Großmutter, einer Müllerstochter, die Grundlagen einer perfekten Hauswirtschaft.

Auf dem weiteren Lebensweg begleiteten sie ein Studium des Bibliothekswesens, zwei Ex-Ehemänner und die Arbeit als Lean Management-Beraterin. Mit ihren zwei Kindern lebt und lacht sie inmitten der Landeshauptstadt Baden-Württembergs, Stuttgart. Von dort aus führen sie die Wege als Professional Organizer überregional durch Deutschland, Österreich und die Schweiz.

Erfolgreich geworden ist sie mit ihrem YouTube-Kanal rund um die Themen Ordnung und Organisation und diversen Auftritten im Fernsehen.

In ihrer Freizeit spielt sie gerne Klavier, stickt Kreuzstichbilder und liest.

Frau Ludwig nimmt sowohl Kundenanfragen, als auch Kooperationsanfragen für Werbezwecke in den sozialen Medien gerne per E-Mail entgegen: **info@frauordnung.de**.

Weitere Titel der Autorin:

LEAN Management für Familien

Von der Frustration zum Flow
Lernen Sie, welche der wesentlichen Kernelemente des LEAN-
Gedankens sie im Haushalt unterstützen können und Ihnen endlich
wieder das zurückgeben, was Sie verloren geglaubt haben: ein
harmonisches Familienleben, geprägt von Zufriedenheit und
Gelassenheit! EXTRA-Bonus: Mit detailliertem Ein-Jahres-Plan und
klaren Anweisungen, wie Sie die Umsetzung problemlos meistern
können.

ISBN: 978-3751932325; 12,95 € (e-book: 9,95€)

Englische Ausgabe:
Lean Management for families:
ISBN: 978-3751958042; 12,95 € (e-Book: 9,99 €)

Lean im Haushalt

Mit der 5S-Methode nachhaltig ausmisten und dauerhaft für Ordnung sorgen - ob Keller, Küche, Kleiderschrank spielt dabei keine Rolle.

Starten Sie mit den 5 einfachen Schritten in ein neues, befreites Leben und lassen Sie Gerümpel, ungeliebte Dinge und schlechte Angewohnheiten hinter sich.

Zahlreiche Praxistipps helfen beim Umsetzen und sorgen für schnelle Ergebnisse.

Der Erfolg liegt im Tun! Mit diesem Buch erhalten Sie kurz und bündig die pragmatischen Hinweise, die Sie benötigen, um sich von unnötigem Ballst zu befreien.

ISBN: 978-3752625943; 7,99 € (e-book: 4,95 €)

Das L.U.D.W.I.G.-Prinzip

In der heutigen Gesellschaft ist der Stresspegel extrem angestiegen, besonders bei Selbstständigen und in Familien. Woher die Zeit nehmen, wenn nicht stehlen, die man so dringend bräuchte, um all seine Themen unter einen Hut zu bringen?

Mit dem LUDWIG-Prinzip erhalten Sie 6 Regeln an die Hand, die Ihnen helfen, Ihr Leben neu zu organisieren, wieder mehr Zeit für sich zu gewinnen und den Stresspegel drastisch zu senken.

Dank Ordnung und Effizienz sparen Sie nicht nur Zeit, sondern auch wertvolle Ressourcen, Geld und nicht zuletzt Nerven.

ISBN: 978-3753424347; 12,95 € (e-book: 9,99 €)

NOTIZEN

NOTIZEN

NOTIZEN

NOTIZEN

NOTIZEN

NOTIZEN

NOTIZEN

NOTIZEN

NOTIZEN